Werner Jetter
Homiletische Akupunktur

WERNER JETTER

Homiletische Akupunktur

Teilnahmsvolle Notizen,
die Predigt betreffend

VANDENHOECK & RUPRECHT
IN GÖTTINGEN

Meinen Assistenten

Dr. Sören Widmann, Hans Kümmel, Dr. Konrad Raiser,
Gerhard Hofmeister, Werner Kühnholz,
Helmut Maier-Frey, Dr. Traugott Stählin

in der Erinnerung an zwei Dutzend homiletische Seminare
freundschaftlich zugedacht

CIP-Kurztitelaufnahme der Deutschen Bibliothek

Jetter, Werner
Homiletische Akupunktur : teilnahmsvolle Notizen, d. Predigt betr. –
Göttingen : Vandenhoeck & Ruprecht, 1976.
ISBN 3-525-60241-3

Umschlag: Jupp Wolter

 Druck und Bindearbeit: Hubert & Co., Göttingen

Inhalt

Vorwarnung an die geneigten Leser

Dieses Buch ist kein Buch, sondern erscheint nur als solches. In ihm geben sich teilnahmsvolle Notizen, die Predigt betreffend, ein Stelldichein. Daß sie so zahlreich erschienen sind, hängt mit den Schwierigkeiten der Predigt und damit zusammen, daß zu den üblichen Predigtterminen die Zuhörer nicht mehr so zahlreich erscheinen.

Sämtliche eingetroffenen Feststellungen sind nur als mittlere Feststellungen gemeint. Sie wurden fortlaufend nummeriert, weil man leichter auf sie zurückkommen kann, wenn sie so festgestellt sind. Die Bezifferung wurde der Informatik entlehnt, um dem Zeitgeschmack Rechnung zu tragen und die frei assoziierten Gedanken ein wenig zu strukturieren.

Nicht alle Emissäre homiletischer Wertpapiere konnten berücksichtigt werden. Nur in einer Hinsicht ist dieses Buch fast vollkommen geworden, nämlich fast vollkommen unleserlich, falls jemand versuchen sollte, es auf einmal zu lesen. Daß dies tunlichst zu unterlassen sei, ist unsre wichtigste Vorwarnung an die geneigten Leser.

Wer ein nötiges Buch erwartet, wird vermutlich enttäuscht. Im vorliegenden Fall ist das Ganze schwerlich mehr als die Summe der einzelnen Teile. Mancher mag manches unnötig finden. Der Autor hofft dennoch, daß auch das Unnötige seine Liebhaber bekommt. Wer sich stets nur das Nötigste gönnt, trifft ohnehin eine willkürliche Auswahl und selten die rechte. Die meisten haben es nötig, sich manchmal auch etwas Unnötiges zu gestatten.

Das Buch macht sich mit der Predigt zu schaffen. Daß diese den Predigern ziemlich zu schaffen macht, ist nicht neu. Daß etliche sie ganz abschaffen möchten und antihomiletische Strömungen heute der Homiletik zu schaffen machen, hat die besondere Teilnahme dieser Notizen erregt. Sie notieren einiges über die vielen Versuche, die Predigt in eine neue Beleuchtung zu rücken oder ganz aus den Angeln zu heben. Dabei lassen sich Diagnose und Therapie nicht säuberlich trennen. Es ist nichts dagegen zu sagen, wenn jemand diese Notizen als diagnostische Therapeutika ansehen möchte.

Ein Lehrbuch ist nicht zu befürchten. Eher ist an ein Buch zum Blättern gedacht, das das Nachdenken anregen und auch ein wenig erheitern will. Man kann es als Vademecum für jene homiletischen Wege und Umwege ansehen, auf denen die Prediger heute teils lustzuwandeln, teils baden zu gehen pflegen. Es wird sich wohl auch im Zug lesen lassen, nur, wie gesagt, nicht in einem einzigen Zug.

Vor Jahren riet ein verehrter Tübinger Kollege den Schlüsselbesitzern des theologischen Seminars, wenn der Schlüssel klemme (was des öfteren vorkam), möge man es mit leichtem Hin- und Herrütteln probieren. Die Fachleute nennten dies "spielen", fügte er, kundig belehrt, dem hinzu. Nicht nur die Schlosser, auch andere Fachleute rufen jetzt ungemein ernst nach mehr Spiel und jedermann dazu auf, spontaner und kreativer zu werden.

Mit der Wissenschaft soll man nicht spielen. "Verspielte Wissenschaft" hat einen fatalen Doppelsinn: man kann die Wissenschaft oder das Spiel oder beides verlieren. Dennoch wollte ich gerne dem Rat der Fachleute folgen und es in Sachen Predigt auch einmal "spielend" probieren. Manchen Predigern scheint über der frohen Botschaft, die sie vertreten, das Lachen so gründlich vergangen zu sein, daß ihnen jedermann gerne auch das noch verbliebene Lächeln erläßt: sie sind mit sich selber gestraft genug. Wer keinen Spott versteht, braucht nicht für den Schaden zu sorgen. Jedenfalls wird's mit dem Spiel erst ernst, wenn man wirklich zu spielen beginnt.

So ist ein Parergon zustandegekommen, das dem Autor nicht immer spielend leicht von der Hand ging. Es ist ein Spiel mit spitzen und stumpfen Nadeln geworden, eine homiletische Akupunktur, bei der gewiß nicht alle Nadeln aus Gold sind. Daß einige in empfindlichen Stellen stecken, braucht nicht verschwiegen zu werden. Daß eine Akupunktur nicht Schmerzen bereiten, sondern beseitigen will, wird vorausgesetzt.

Das Opusculum ist den angehenden und den vom Predigen angegangenen Predigern zugedacht, die noch nicht völlig darin auf- oder unter- und auch nicht schon wieder ganz davon abgegangen sind; sofern sie's vergnüglich oder bedenkenswert finden, darin zu blättern. Man denkt sonntags oft mit Bewegung an all die vielen homines bonae voluntatis, welche teils predigen dürfen, teils predigen müssen, teils sogar predigen wollen, teils freilich auch nicht. Ihnen sei dieses Büchlein nunmehr in die Hände gelegt. Ich möchte es gerne mit jener Widmung verbinden, die hierzulande für Liebeserklärungen, heimliche Invektiven und allen möglichen Fug oder Unfug gebräuchlich ist und aus den drei menschenfreundlichen Worten "nichts für ungut" besteht.

Tübingen, im Sommer 1976 Werner Jetter.

Über mittlere Feststellungen im allgemeinen

sowohl was sie seien als auch, was nicht, keine Postulate zum Beispiel und noch keine Theorien, und warum sie dennoch benötigt werden, besonders aber die Utopien.

1 *Es wird beabsichtigt, einige Feststellungen in Sachen Predigt zu treffen*

1.1 *Es wird nicht beabsichtigt, alle möglichen Feststellungen über die Predigt zu treffen.*

1 Man nimmt sich nicht vor, nur das Nötigste über die Predigt zu sagen: auch die Predigt bringt manches Unnötige vor.

2 Man hofft, daß sich nützliche Feststellungen in Sachen Predigt ergeben: sie stellt auch selbst manches Nützliche fest.

3 Vergnügliche Feststellungen über die Predigt wären erwünscht, sind aber nicht häufig.

3.1 Der Predigt ist es immer sehr ernst mit der Predigt.

4 Die Kritik an der Predigt macht manchen noch mehr Vergnügen als diese: sie nimmt sich nicht immer so ernst wie die Predigt.

1.2 *Man läßt es bei mittleren Feststellungen in Sachen Predigt bewenden.*

1 Mittlere Feststellungen nehmen nicht unbedingt für die Predigt und auch nicht unbedingt gegen sie Stellung.

2 Mittlere Feststellungen trauen der Predigt zwar längst nicht mehr alles, aber auch nicht überhaupt nichts mehr zu.

3 Mittlere Feststellungen wollen nicht dauerhaft festgelegt werden: sie stimmen bald älteren und bald neueren Meinungen zu.

4 Mittlere Feststellungen gebrauchen ein mittleres Vokabular und beanspruchen nur einen mittleren Rang.

5 Mit mittleren Feststellungen sitzt man zwischen den Stühlen, dort aber nicht unbedingt schlecht: man kann nicht mehr herabgesetzt werden.

6 Mittlere Feststellungen bleiben bei dem, was sich feststellen läßt; wenn man zu hoch hinaus will, wird man bald tiefer gehängt.

7 Mittlere Feststellungen lieben das Spiel mit dem Ernst.

1.3 *Mit mittleren Feststellungen bleibt auch die Theologie unterwegs.*

1 Wer bleiben will, wie er ist, will auch, daß die Theologie so bleibt, wie sie ist: nur so bleibt man sicher.

1.1 Wenn alles so bleiben soll, wie es ist, will man, es bliebe so, wie alles war, aber alles geht weiter.

1.2 Was nicht mehr weitergeht, geht immerhin fort, und was bleibt, wie es war, ist gewesen.

2 Wenn die Theologie bleiben soll, was sie ist, wird sie unterwegs bleiben müssen; sie verliert sich sonst selbst aus den Augen.

3 Die theologia perennis hält sich allzeit für gültig, die theologia viatorum hält sich allzeit bereit.

4 Die theologia viatorum meint nicht, daß die Pfarrer andauernd auf Reisen sein sollen; sie sollten sich stets unterwegs zur Sache befinden.

4.1 Einige sind noch immer von Barth zu Bultmann, andre schon wieder von Bultmann zu Barth unterwegs.

5 Als Theologe gibt man sich gern radikal, aber nur ungern extrem: man weiß sich der radikalen Mitte verpflichtet.

5.1 Auch wer in der Mitte bleibt, bleibt bewegt: er schwankt dort zwischen halblinks und halbrechts hin und her.

6 Mittlere Feststellungen schämen sich nicht, wenn sie mittelmäßig ausfallen: sie stellen dies fest und sich ganz darauf ein.

7 Mittlere Feststellungen belassen es gern bei sich selber und dabei, die folgenden losen Thesen als Thesen in loser Folge einander folgen zu lassen.

1.4 *Mittlere Feststellungen sind zwischen Statistik und Theorie unterwegs.*

1 Theorien bilden die Aussicht vom Gipfel, mittlere Feststellungen die Biwakplätze beim Aufstieg.

1.1 Wenn oben Gewölk aufzieht, sieht man von unterwegs meistens besser.

2 Hypothesen beschreiben die Aussicht, die man auf unerstiegenen Gipfeln vermutet.

3 Die Wege zur Theorie sind mit Hypothesen gepflastert; die Theorie ist der Feldherrnhügel, auf dem Strategien aus ihnen gemacht werden können.

1.5 *Mittlere Feststellungen sind nüchtern und wirken nicht festlich.*

1 Bei einer Festvorstellung vergißt man die Arbeit und genießt ihre Früchte erfreut.

1.1 Bei einer Festvorstellung stellt sich ein festliches Publikum vor, mit mittleren Feststellungen ist man noch beim Probengeschäft.

2 Mittlere Feststellungen sind als die Arbeitnehmer der Theorieproduktion zu betrachten: sie müssen sich organisieren, um diese mitzubestimmen.

3 Mittlere Feststellungen lassen an Frühmessen denken: man stellt nüchtern fest, was sich schon feststellen läßt, und hofft, daß die Theorie an den Tag kommt.

3.1 Die Morgenstunde hat Gold im Mund, aber wenig im Magen.

1.6 *Mittlere Feststellungen können die Stellungen wechseln, aber auch Festigkeit zeigen.*

1 Mittlere Feststellungen verteidigt man nicht bis zur letzten Patrone: sie sind darauf eingestellt, öfters die Stellung zu wechseln.

2 Mittlere Feststellungen wollen sich ungern in Uniform stecken und ideologisch vereinnahmen lassen; sie betrachten die höheren Werte aus irdischer Warte.

3 Mittlere Feststellungen wirken auf alle Fantasten kritisch und unter Fanatikern immer versöhnlich.

4 Mittlere Feststellungen wollen stets Ruhe bewahren; wenn sich die Massen erregen, stellen sie fest, was man festhalten muß.

5 Wenn Diktatoren die Meinungen festlegen, welche sie zulassen wollen, führen die mittleren Feststellungen die Nachhut der Menschlichkeit an.

1.7 *Mittlere Feststellungen bleiben stets menschlich.*

1 Der Mensch ist das Wesen, das sich nicht feststellen läßt; er wird in der Bibel als Ebenbild Gottes bezeichnet.

2 Wer das Wesen des Menschen festlegen will, legt sein Unwesen und ihn selbst darauf fest.

2.1 Das Wesen des Menschen wird von seinem Unwesen, das man schon feststellen kann, nicht unwesentlich übertroffen.

3 Um festzustellen, daß sich das Wesen des Menschen nicht feststellen läßt, sind mittlere Feststellungen von nöten.

4 Mittlere Feststellungen stellen nur etwas fest, nicht das Ganze: sie sind nicht unfehlbar, man trifft sie auf Zeit.

5 Mittlere Feststellungen stellen nicht die Vergangenheit ab noch die Gegenwart fest oder die Zukunft schon her; sie bleiben in menschlichen Grenzen.

5.1 Mittlere Feststellungen stellen oft Tatsachen fest, die sie lieber nicht feststellen möchten.

1.8 *Postulate sind Feststellungen, welche sich selber feststellen.*

1 Ein Postulat stellt etwas fest, das es geben muß, obwohl sich nicht feststellen läßt, daß es dies gibt: es liegt sich auch später noch immer voraus.

2 Ein wichtiges Postulat ist der bessere Mensch: wo immer dieser erscheint, könnte es auch noch besser um ihn bestellt sein.

2.1 Der bessere Mensch ist das beste Beispiel dafür, daß es den guten Menschen noch immer nicht gibt.

3 Ein anderes Postulat ist die bessere Welt: das einzig gewisse an ihr ist ihre ungewisse Verspätung.

3.1 Daß sich die bessere Welt allen mittleren Feststellungen beharrlich entzieht, muß man bedauern.

4 Seit Imanuel Kant gilt das Sittengesetz als eine Feststellung, die sich so feststellen läßt wie der gestirnte Himmel über den Straßen.

4.1 Die Religion läßt sich nach Kant gleichfalls selber feststellen: sie stellt die Frage: "was dürfen wir hoffen?" und hofft darauf, daß sie dies feststellen kann.

4.2 Viele hoffen darauf, daß das Christentum feststellen kann, was sie hoffen dürfen: sie sehen in ihm ihre Religion.

5 Wenn einige Theologen das Christentum nicht mehr als Religion betrachten, müssen sie entweder diese Betrachtung verändern oder selbst eine Theologie der Hoffnung entwerfen.

5.1 Das Bedürfnis nach Theologie ist oft weniger ausgeprägt als das Verlangen nach Hoffnung.

1.9 *Utopien sind Postulate, die sich nicht feststellen lassen.*

1 Die Utopie fliegt der besseren Zukunft entgegen und läßt alles hinter sich, was man feststellen kann.

1.1 Auch Wahlparolen lassen meist alles hinter sich, was man feststellen kann; nur die Gegenpartei steht der besseren Zukunft im Wege.

2 Utopien schweben sich selber vor und den Leuten voran: sie suchen sich ihre Plätze ganz vorn in der offenen Zukunft.

2.1 Für Utopien wird es jetzt vorn immer enger: die Techniker lassen sie starten, der Umweltschutz läßt sie nicht landen.

2.2 Einige Utopien werden künftig zu Fuß gehen müssen: sie verschmutzen sonst Wasser und Luft.

2.3 Wenn es für Utopien vorn keine Plätze mehr gibt, hat die Welt nicht mehr viel vor sich.

2.3.1 Wenn die Welt nichts mehr vor sich hat, bleibt sie als verschmutzte Umwelt weit hinter sich selber zurück.

3 Die Utopien lassen oft an verspätete Festtagskirchgänger denken: wenn die hinteren Plätze besetzt sind, sucht man vorne nach solchen.

3.1 Die Festtagskirchgänger bekämen jetzt Plätze genug, wenn sie kämen; sie gehören inzwischen selbst zu den Utopien der Predigt.

4 Utopien, die kein Verhältnis zu mittleren Feststellungen gewinnen, fliegen den Leuten am Anfang voraus und am Ende davon.

4.1 Wenn mittlere Feststellungen kein Verhältnis zu Utopien gewinnen, lassen sie niemand sich über den Boden erheben.

5 Die Utopie verhält sich zur mittleren Feststellung wie die Rakete zur Rampe: sie fliegt zwar selber, jedoch nicht von selber.

5.1 Es ist nicht gut, wenn die Rakete am Boden bleibt und die Rampe dafür in die Luft fliegt.

6 Realutopien sind Raketen auf Probeflug und ein Traum der Erfinder: man möchte sie wieder zurückholen können.

7 In der Schwerelosigkeit lebt man äußerst beschwerlich.

7.1 Unter der Schwerkraft kommt man mit mittleren Feststellungen am leichtesten weiter.

Vom Zustand der Predigt

als dem Gegenstand dieser mittleren Feststellungen, wobei man an dem Widerstand nicht vorbeikommt, dem sie sich ausgesetzt sieht.

2 *Der Gegenstand dieser mittleren Feststellungen ist nicht der Widerstand gegen die Predigt, sondern die Predigt.*

2.1 *Wer für den Zustand der Predigten zuständig ist, ist umstritten.*

1 Einige machen die Theologie für den Zustand der Predigten haftbar, andere führen ihn auf die Mobilität in der Wohnwelt und in der Berufswelt zurück.

2 Manche geben dem Rundfunk und den veränderten Wochenendsitten, andre dem weltlichen Zustand der Öffentlichkeit die Schuld an dem Zustand der Predigt.

3 Die meisten halten fest daran fest, daß die Prediger selbst für den Zustand der Predigten zuständig sind.

3.1 Man bemängelt vor allem, daß die Prediger in der Politik viel zu viele, in der Frömmigkeit viel zu wenige Wünsche erfüllen.

3.2 Man bedenkt es nur selten, wie viele politischen Wünsche die Frömmigkeit auch schon früher erfüllt hat.

4 Man kann den grundlos gewordenen Zustand der Predigt verschieden begründen.

4.1 Die Suche nach Gründen fällt mit der Suche nach einem Alibi häufig zusammen.

2.2 *Der Widerstand gegen die Predigt gehört jetzt zum Zustand der Predigt.*

1 Einige haben auch früher am Zustand der Predigten Anstand genommen, es aber aus Anstand verschwiegen.

1.1 Wer am Zustand der Predigten Anstand nimmt, geht bald dazu über, Abstand von ihnen zu nehmen.

2 Der heimliche Widerstand gegen die Predigt tritt öffentlich in die Erscheinung, wenn man nicht mehr zur Predigt erscheint.

3 Auch die Praktische Theologie stellt den Widerstand gegen die Predigt in Rechnung: die Predigt wird jetzt von den Lehrenden und von den Lernenden kritisch betrachtet.

4 Wenn man einiges feststellt, was andre nicht annehmen wollen, unterstellen sie rasch, daß es sich um Unterstellungen handle.

5 Manche Annahmen aus der Praktischen Theologie sind überholt, bis man sie allgemein annimmt.

2.3 *Der Zustand der Predigt läßt Einreden gegen die Predigt geraten erscheinen.*

1 Man bedauert vor allem, daß die Predigt als Einmannrede erscheint: wer zuhören soll, möchte mitreden dürfen.

1.1 Auch von den Frauen, die auf die Kanzel gelangt sind, werden dort immer nur Einmannreden gehalten.

2 Manche sagen der Predigt nach und voraus, daß die Vernebelung leidiger Mängel zu ihren leidigen Mängeln gehöre.

3 Daß die Predigt die herrschenden Zustände nicht bloß fest, sondern fester stellt, stellt man ebenfalls fest.

3.1 Eine herrschende Unzufriedenheit stelle die Predigt nicht fest, sondern still, bringt man gegen sie vor.

4 Manche betrachten die Predigt als Opium für das Volk, doch machen die Drogen der Predigt, so scheint es, nicht süchtig nach Predigt.

4.1 Sogar Prediger können oft leicht auf die Predigt verzichten, andere freilich das Predigen nirgends mehr lassen.

5 Ob die Einreden gegen die Predigt dem Zustand der Predigt entspringen oder diesen herbeigeführt haben, ist strittig.

2.4 *Die Einreden, die der Prediger selber vorbringt, rufen am häufigsten Einreden gegen die Predigt hervor.*

1 Je mehr man sich in der Predigt beklagt, desto lauter beklagt man sich über die Predigt.

1.1 Wenn der Prediger Einspruch erhebt, dann wird seine Predigt von den Gemeinten in den Gemeinden meist nicht für erhebend gehalten.

2 Es ist nicht gesagt, daß die Predigt versagt hat, wenn sie nicht zusagt; es wird aber häufig behauptet.

3 Wer das Sagen hat, bekommt auch mit dem Versagen zu schaffen: bald versagt sich der eigene, bald der Heilige Geist.

4 Der Prediger hat durch sein Amt das Gefühl des Geistesbesitzes und verläßt sich auf diesen.

4.1 Wo eine Predigt schwächer ausfällt, ist das Gefühl des Geistesbesitzes unter den Zuhörern stärker.

4.2 Im Gefühl seines Geistesbesitzes kann man dem Prediger diesen und alles bestreiten, was seine Predigt bestritt.

5 Das Gefühl des Geistesbesitzes wirkt meistens erhebend und hängt mit dem frommen Bewußtsein zusammen: man erhebt sich dann über die andern.

5.1 Im Gefühl des Geistesbesitzes kann man sich auch täuschen.

2.5 *Am meisten beklagt man es, daß die Predigt die Einstellung ihrer Hörer nicht ändert.*

1 Wer zur Predigt erscheint, ist auf sie eingestellt: der Predigt fällt es nicht leicht, seine Einstellung wieder zu ändern.

1.1 Wer nicht mehr zur Predigt erscheint, ist gegen sie eingestellt und will sich durch keine Predigt von seiner Einstellung abbringen lassen.

2 Der Prediger kann zwar die Meinungen seiner Hörer durch seine Predigt nicht ändern, doch kann sich zuweilen die Einstellung zu seiner Predigt durch diese verändern.

3 Für das Vorurteil, daß die Predigt nur die vorhandenen Vorurteile bestätigt, spricht ebensoviel wie gegen die Predigten, denen es gilt.

2.6 *Manche denken, die Predigt vom Heil befände sich heute in einem bedenklichen Zustand.*

1 Viele bestehen darauf, fest auf dem Boden der Heilstatsachen zu stehen: das Bekenntnis zu diesen steht unverrückt fest.

2 Während die Heilstatsachen unverrückt festgestellt bleiben, bleiben die Unheilstatsachen dauernd im Fluß.

2.1 Wo das Unheil den Fortgang nimmt, rückt es näher; sein Fortschritt ist eine Feststellung, die ihn nicht aufhält.

3 Wer die Heilstatsachen und sich selbst darauf festgelegt hat, bekommt den Eindruck einer Bekenntnisbewegung, sobald sich die Unheilstatsachen weiterbewegen.

3.1 Wer im Strom steht, meint immer, daß er sich gegen diesen bewege; die beharrlichsten Leute beharren darauf, sich selbst für dynamisch zu halten.

4 Als das Heil mitten im Unheil erschien, hat man es an dieses genagelt; es bleibt mit dem Unheil verbunden und hält auch mit seinen Fortschritten Schritt.

4.1 Wenn das ewige Heil nicht am endlichen Unheil konkret wird, bleibt es unendlich abstrakt.

5 Daß das Heil feststeht, macht die Predigt gewisser, aber der Fortschritt des Unheils macht sie beredt.

6 Das gekreuzigte Heil hat kein Heil ohne Kreuz, sondern Wege durchs Unheil eröffnet.

7 Wer in nichts mehr hineinkommen will, läßt dem Unheil den Lauf und verläuft sich dabei wie die Jünger am Ölberg.

7.1 Wer dem Heil dienen will, kommt in vieles hinein und verläuft sich dabei wie der Regen, durch den die Steppe erblüht.

2.7 *Der Zustand der Predigt hat neuere Theorien über die Predigt zustandkommen lassen.*

1 Das Neue der neueren Theorien zur Predigt liegt darin, daß sie den Widerstand gegen die Predigt und ihren Zustand bedenken.

2 Die älteren Theorien der Predigt bedienten sich theologischer Gründe: sie wollten allen, die predigen sollten, ein gutes Gewissen verschaffen.

2.1 Die neueren Theorien der Predigt bedienen sich lieber empirischer Listen: sie möchten auch denen, die nicht mehr predigen wollen, ein gutes Gewissen besorgen.

3 Schon den älteren Theorien war es bekannt, daß es kalt oder warm oder lau von der Kanzel herabkommen kann.

3.1 Neuere Theorien installieren den Kälte- und Wärmestrom auf der Kanzel samt der Technik der Mischung und machen es möglich, die Temperaturen der Religion zu bestimmen.

2.8 *Vereinzelte Theorien der Predigt haben die Leidenschaft für die Predigt zum Thema gemacht.*

1 Die Leidenschaft für die Predigt hält sich in Grenzen, von tiefer bohrenden Ausnahmen abgesehen.

2 Daß die Predigt dem Prediger Leiden schafft, ist öfter der Fall, als daß einer aus Leidenschaft predigt.

3 Daß einer ebenso gerne Predigten hält, wie er Bäume fällt, ist ebenso selten wie ein Theologe, der Bäume fällt.

2.9 *Wer's richtig bedenkt, wird durch den Zustand der Predigt von mehreren Skrupeln entlastet.*

1 Wer die Einsamkeit kennt, weiß, was der Prediger leidet: er fühlt sich oft in, mit und unter, aber auch vor und nach seiner Predigt allein.

2 Die neueren Theorien der Predigt haben den Nachweis erbracht, daß eine Kommunikation auf der Kanzel nur selten zustandkommen kann:

2.1 Auf der Einbahnstraße kann man nicht mit dem Gegenverkehr kommunizieren, sofern nicht ein Unglück passiert oder ein Wunder geschieht.

3 Die älteren Theorien lassen die Predigt theologisch verbindlich erscheinen; die Prediger machen dabei einen wenig verbindlichen Eindruck.

3.1 Die neueren Theorien lassen die Predigt theologisch nicht mehr so verbindlich erscheinen; die Prediger können dann umso verbindlicher wirken.

4 Wenn man von der Predigt nichts fordert, was sie nicht leisten kann, fällt es leichter, sie leichter zu nehmen.

4.1 Wenn der Prediger hergeht und seine Predigt zu leicht nimmt, gehen die Zuhörer hin und tuen desgleichen.

5 Je weniger man von der Predigt verlangt, desto weniger wird man auch nach ihr verlangen.

Vom Meditieren

insbesondere über Veränderung.

3 *Meditationen sind mittlere Feststellungen, die man vor einer Predigt über sie trifft.*

3.1 *Meditationen legen den Text erst zugrund und dann aus und dann weit auseinander.*

1 Vor der Niederschrift einer Predigt denkt man über sie nach, nachher denkt man daran, sie zu ändern, doch kommt man meist nicht mehr dazu.

2 Feststellungen, die der Predigt vorausdenken, heißen Meditationen, wenn sie ihr nachdenken, heißen sie Predigtkritik; die Predigt muß häufig auf beides verzichten.

3 Wer der Predigt vorausdenkt und Zeit genug hat, hofft, in der Stille zu größerer Klarheit zu kommen.

4 Wenn dem Prediger vorher nichts einfällt, schaut er nach, was den anderen einfiel: er greift auf gedruckte Meditationen zurück.

4.1 Die Predigtmeditationen rechnen damit, daß die Prediger wenig Zeit zum Bedenken der Predigt besitzen.

5 Neuere Predigtmeditationen erfreuen sich zweier Autoren und großer Beliebtheit; sie kommen als Predigtstudien auf den Markt.

5.1 Ältere Predigtstudien genießen seit Jahren den Ruhm renommierter Autoren; sie wurden als Göttinger Meditationen bekannt.

6 Nicht jede Bezeichnung bezeichnet das, was sie bezeichnet.

7 In den Predigtstudien wollen manche sowohl das Verhältnis zum Text wie das Verhältnis zu den Verhältnissen ändern.

7.1 In den Göttinger Meditationen machen alle erst weiter im Text; einige wollen anschließend auch die Verhältnisse ändern.

8 Das Verlangen nach Meditationen ist wesentlich stärker entwickelt als die Kunst, solche zu schreiben, doch ist der Markt offen.

3.2 *Wenn sich die Verhältnisse ändern, muß jedermann ihre Veränderungen bedenken.*

1 Man lebt über seine Verhältnisse, wenn man nicht mehr über sie meditiert.

1.1 Wer über seine Verhältnisse lebt, überlebt sie nicht lange.

2 Auf der Suche nach der verlorenen Zeit verliert man viel Zeit; mancher findet sie wieder, wenn er über sie meditiert.

3 Wenn sich die Verhältnisse ändern, tun sie es ohne Rücksicht auf diese.

3.1 Je rücksichtsloser sich die Verhältnisse ändern, desto vorsichtiger muß man auch sein Verhältnis zu den Veränderungen verändern.

3.3 *Mit den Verhältnissen pflegen sich auch die Veränderungswünsche zu ändern.*

1 Veränderungswünsche gelten dem Zustand, von dem man bedauert, daß er immer noch dauert.

1.1 Veränderungswünsche meinen den Zustand, von dem man bedauert, daß er noch immer nicht dauert.

2 Wenn der bedauerte Zustand endet und der erwünschte zu dauern beginnt, wird die Veränderung zu einem Zustand, den man bedauert.

3 Ein allen erwünschter Zustand ist selten und kann es nicht bleiben: man hat in ihm nichts mehr zu hoffen.

3.1 Ein Zustand, in dem nichts zu hoffen ist, ist schwerlich erwünscht.

4 Vom älteren Zustand unterscheidet der neue sich durch die neuen Veränderungswünsche: sie zeigen, wie vieles noch aussteht.

3.4 *Wenn sich die Verhältnisse ändern, erkennt man, daß ihre Veränderung ausstand.*

1 Am Eintritt einer Veränderung kann man erkennen, daß diese vorher im Ausstand war.

1.1 Den Eintritt einer Veränderung kann man daran erkennen, daß andre Veränderungen im Ausstand erscheinen.

2 Der Zustand, der nach Veränderung ruft, ist durch Veränderungen zustandegekommen, die vorher schon eintreten konnten.

2.1 Der Zustand, nach dem der Ruf nach Veränderung ruft, soll durch Veränderungen zustandekommen, die nunmehr, so hofft man, eintreten können.

3 Die Welt ist vor keiner Veränderung sicher und kann auch durch keine sicherer werden.

4 Daß jede Veränderung jederzeit eintreten kann, ist zwar stets zu befürchten, doch zum Glück tritt nicht jede jederzeit ein.

5 Erwünschte Veränderungen lassen oft lang auf sich warten; die unerwünschten sind schneller.

5.1 Veränderungen, die man erzwingt, werden dabei beschädigt.

3.5 *In der Veränderung aller Verhältnisse bleibt nur der Ruf nach Veränderung unverändert bestehen.*

1 Jede Veränderung führt einen Zustand herbei, in dem der Ruf nach Veränderung angezeigt bleibt.

2 Der Ruf nach Veränderung darf sich in keinen Zustand und selbst keinen solchen ergeben.

2.1 Der Ruf nach Veränderung muß die Zustände und die Veränderungswünsche beständig an ihre erwünschteren Möglichkeiten erinnern.

3 Obwohl die meisten Veränderungen unregelmäßig anfallen, ist der Ruf nach Veränderung regelmäßig zu wiederholen.

4 Der Ruf nach Veränderung wird zum Ritual der Erinnerung: er prägt die Erinnerung an die Veränderung ein, die immer noch aussteht.

5 Jeder Zustand ist immer im Zustand der allgemeinen Veränderungen begriffen und jede Veränderung ist ein Zustand, der es nicht sein will.

5.1 Wer im Zustand der Dauerveränderung diese zum Dauerzustand erklärt, kann nur noch Zustände kriegen.

3.6 *Viele ziehen es vor, die Welt zu verändern, statt sie zu erklären.*

1 Es ist schwierig, die Welt zu verändern: man kann sich nicht alles erklären.

1.1 Es ist schwierig, die Welt zu erklären: sie verändert sich dauernd.

2 Ob man die Welt erklären oder verändern will, man versucht meist das eine und scheitert am andern.

2.1 Wer die Welt nicht mehr interpretieren, sondern verändern will, kann nicht umhin, ihre Veränderungen zu interpretieren.

3 Manche suchen die Welt durch Erklärungen zu verändern.

4 Ob es sie teurer kommt, wenn man die Welt schon verändert, oder dies noch unterläßt, stellt sich erst später heraus.

5 Solange es noch nicht heraus ist, welche Weltveränderungen für eine Weltveränderung sprechen, meditiert man darüber.

3.7 *Viele Prediger denken beim Meditieren mehr an ihre Predigt als an ihre Hörer.*

1 Während der Meditation geht der Prediger in sich und während der Predigt geht er aus sich heraus.

2 Die Predigt muß ihren Hörern Zeit lassen, in sich zu gehen; um aus sich herauszugehen, haben sie eine Woche lang Zeit.

3 Während der Predigt haben die Zuhörer keine Zeit, in sich zu gehen; sie müssen sich an die Zeitbetrachtungen in der Predigt gewöhnen.

4 Als Hörer der Predigt kommt man oft leichter außer sich als dazu, in sich zu gehen, geht aber nur ungern aus ihr heraus.

5 Schon mancher hat nachher zu Hause gefragt, ob die Predigt es lohnte, aus dem Häuschen zu kommen.

3.8 *Die Meditation geht der Predigt voraus, aber oft nicht in sie ein.*

1 Die Meditation macht sich viele Gedanken, die Predigt kann immer nur wenige fassen.

2 Nicht alles, worüber man nachgedacht hat, kann man nachher auch sagen; nicht alles, was man nicht klar sagen kann, läßt sich verschweigen.

3 Mancher erfaßt seine Zeit in Gedanken und kann doch das Wort für die Stunde nicht finden.

3.1 Nicht jeder Einfall, der dem Prediger wohlgefällt, gefällt auch den Hörern.

3.2 Der Vorteil der meditativen Versenkung liegt darin, daß einige Einfälle wieder in der Versenkung verschwinden.

4 Ob das, was den Redner erleuchtet hat, ein Gedankenblitz war, läßt zumeist erst der Nachhall erkennen.

5 Meditationen machen der Predigt teils nötige, teils unnötige Nöte.

5.1 Wenn Meditationen zu einer Predigt anhalten, die ihre Autoren selber nicht halten, denkt mancher, daß diese wohl daran tun.

5.2 Oft wäre die Meditation den Zuhörern lieber gewesen als die Predigt, zu der es dann kam.

6 Wenn der Prediger zu vieles eingepackt hat, packt die Predigt die Hörer nicht mehr.

6.1 Wenn der Prediger alles auspacken will, packt seine Hörer zuerst die Neugier und dann das Befremden.

7 Wenn eine Predigt bei bloßen Betrachtungen bleibt, kommt sie bloß noch für die in Betracht, die es auch so betrachten.

ob sie bedeutend sei, oder ob es nicht viel bedeutender sei, was sie nicht bewirke. Sodann wird erwogen, wie lange man predigen muß, bis die Predigt zur Wirkung kommt, und wem die Predigthilfen besonders helfen, wobei auch des Kanzeltausches gedacht wird.

4 *Wer die Wirkung der Predigt bedenkt, auf den wirkt sie ziemlich bedenklich.*

4.1 *Daß die Predigt nur affirmierende Wirkungen habe, wird am meisten bedauert.*

4.1.1 *Die affirmierenden Wirkungen lassen die Predigt erbaulich erscheinen.*

1 Wenn die Predigt bestätigend wirkt, ist dies allen erwünscht, sofern sie nichts Unerwünschtes bestätigt.

2 Wer nach einer erbaulichen Predigt verlangt, der fühlt sich durch eine solche bestätigt und durch jede, die etwas verändern möchte, in seinem Verlangen bestärkt.

2.1 Wer nach einer fortschrittlichen Predigt verlangt, der fühlt sich durch eine solche bestärkt und durch jede, die bloß erbaulich verbleibt, in seinem Verlangen bestätigt.

3 Eine Predigt wirkt immer veränderlich und erbaulich zugleich: ihre Zuhörer werden entweder erbaulich verändert oder veränderlich durch sie erbaut.

4 Wo immer es einem mißfällt, daß eine Predigt bestätigend wirkt, mißfällt ihm nur, was sie bestätigt, aber nicht, daß sie es tut.

4.1.2 *Die meisten suchen in einer Predigt, was sie schon besitzen.*

1 Erweckte Hörer bevorzugen eine erweckliche Predigt; je erweckter sie sind, desto mehr verlangt sie's danach.

2 Die erweckliche Predigt bestätigt es allen Erweckten, wie gut es ist, ein erwecktes Bewußtsein zu haben.

3 Mancher ist mehrfach erweckt und noch immer nicht wach.

3.1 Oft zieht man die Melodie seines Weckers dem Aufstehen vor.

4.1.3 *Die Predigt wirkt selten so fortschrittlich, wie der Prediger möchte.*

1 Fortschrittliche Prediger wollen nicht, daß ihre Predigt bestätigend wirkt, sind aber erfreut, wenn sie Zustimmung finden.

2 Die Fortschritte mancher Prediger von der Gemeinde sind beträchtlicher als ihre Fortschritte in der Gemeinde.

3 Fortschrittliche Prediger raten den Hörern, sich mit den Nichthörern solidarisch zu fühlen.

3.1 Wenn sich die Prediger mit den Nichthörern solidarisch erklären, fühlen sich diese bestätigt und wollen es bleiben.

3.2 Wenn sich die Prediger mit den Nichthörern solidarisch erklären, fühlen sich ihre Hörer verwirrt: sie werden dann lieber zu Nichthörern als solidarisch mit diesen.

4 Oft scheinen die Predigthörer sich von den Predigtnichthörern nur durch das Predigthören zu unterscheiden.

4.1.4 *Die Predigt hat häufig den Eindruck, wie vieles man ändern müßte und daß man dies meistens nicht kann.*

1 Jedem Prediger machen die Nöte Not, an denen die Predigt nichts ändert.

2 Wer den Eindruck hat, wenig verändern zu können, sucht oft durch Veränderungseifer mehr Eindruck zu machen.

2.1 Die Predigthörer haben sich an den Veränderungseifer der Predigt gewöhnt und vermissen ihn sehr, wenn er fehlt.

3 Manche vermeiden die Predigt, weil sich doch nichts verändert, andere meiden sie, um sich nicht ändern zu müssen.

4 Der Eindruck, wievieles sich ändern müßte, kann bei den Predigthörern ein neues Bewußtsein oder den Wunsch nach einem solchen erwecken.

4.1.5 *Die Wirkung der Predigt kann das Bewußtsein der Hörer so lange erweitern, bis es sich verändert.*

1 Das Bewußtsein ist immer nur schwer zu verändern, wenn sich nicht auch die Verhältnisse ändern.

1.1 Wer sein Bewußtsein verändern soll, hat vorher anscheinend nicht recht gehabt und ein Recht, sich darüber zu ärgern.

2 Wo man das Bewußtsein verändern will, muß man es zuerst zu erweitern versuchen.

2.1 Wenn neuere Einsichten als Bewährung schon älterer Ansichten einsichtig werden, läßt sich das Bewußtsein allmählich erweitern.

3 Wenn man lang genug predigt, gewöhnen die Hörer sich an die Erweiterung ihres Bewußtseins und daran, daß dieses sich ändern sollte.

3.1 Die Predigthörer können sich auch an den Wunsch nach Veränderung ihres Bewußtseins gewöhnen und es dabei belassen.

4 Es erhebt sich die Frage, wie lange man predigen muß, bis die Bewußtseinserweiterungen zu einer Bewußtseinsveränderung führen.

4.1 Oft wird zwar im Einzelfall viel zu lange gepredigt, doch auf die Länge gesehen längst nicht lange genug.

5 Die Predigtstudien raten den Predigern, es mit Ernst lange und stets wieder neu zu versuchen.

5.1 Daß man immer wieder von vorne anfangen kann, ist ein gut evangelischer Grundsatz.

5.2 Wenn eine Predigt stets wieder von vorne anfängt, kann sie dadurch nur langweiliger, aber nicht evangelischer werden.

4.1.6 *Die Wirkung der Predigt kann man durch Predigthilfen verbessern, so hofft man.*

1 Prediger hören nicht oft eine andere Predigt und dann immer nur, wie der Kollege es macht.

1.1 Bei Predigern ist das Verlangen nach Predigt gering, das Verlangen nach Predigthilfen beträchtlich.

2 Unter dem Druck seiner Predigt ist man bereit, nach der nächstbesten Predigthilfe zu greifen: die nächste ist nicht immer die beste.

3 Man hat entdeckt, daß die Praktische Theologie zu den Handlungswissenschaften gehöre.

3.1 Seit die Predigthilfen erscheinen, ist die Praktische Theologie zu den Buch-Handlungswissenschaften zu zählen.

4 Der Absatz der Predigthilfen macht keinen Verleger verlegen; wenn sie einen guten Herausgeber finden, ist auch der Gewinn für die Prediger groß.

5 Wenn Predigten, die man vor Jahresfrist hielt, als Predigthilfen erscheinen, heißen sie "heute gesagt" und sind auch noch morgen im Handel.

4.1.7 *Der Kanzeltausch hat sich als Predigthilfe am besten bewährt.*

1 Beim Kanzeltausch tauscht man die Prediger aus und nicht ihre Kanzeln.

1.1 Der Denkmalsschutz gilt den Kanzeln; die Prediger und ihre Predigten schließt er nicht ein.

2 Zum Kanzeltausch bringen die Prediger den Talar und die Beffchen, Gebete und Lieder, den Text und die Predigt von neulich gebrauchsfertig mit.

3 Die Prediger sind beweglicher als ihre Predigten sind: man ändert lieber die vorgeschriebenen Orte als seine aufgeschriebenen Worte.

4 Beim Kanzeltausch überwindet man ohne Mühe die Räume; wenn sich das Kirchenjahr querlegt, verlegt man den kommenden Sonntag auf die vergangene Predigt.

5 Daß man in der Predigt sehr weit herumkommen kann, hat man immer gewußt; wie weit man mit einer einzigen Predigt herumkommen kann, macht erst der Kanzeltausch deutlich.

5.1 Bei jeder entfernteren Wiederholung der Predigt entfernt sich auch diese noch weiter.

6 Durch den Kanzeltausch kann der Prediger ein bewegliches Leben und samstags mehr Freizeit bekommen.

6.1 Durch den Kanzeltausch kann die Gemeinde eine urbane Gesinnung, ein bewegliches Urteil und sonntags mehr Freiheit bekommen.

7 Der Kanzeltausch zeigt der Gemeinde, wie anders man anderswo predigt; wenn ihr Prediger dadurch Rivalen bekommt, lobt er die Abwechslung nicht.

8 Oft haben die Prediger Sorge, daß durch den Kanzeltausch ihre amtliche Zuständigkeit und die Seelsorge leide.

8.1 Die Angst um die Zuständigkeiten belastet die Seelsorge stärker als es der Kanzeltausch tut.

9 Der Kanzeltausch wird mit gemischten Gefühlen betrachtet: nicht alles, was den Betreffenden hilft, empfindet man bei den Betroffenen gleichfalls als Hilfe.

4.1.8 *Mancher befaßt sich mehr mit der Wirkung der Predigt als mit seiner Predigt.*

1 Die Wirkung der Predigt ist in der Praxis noch offen; die Theorien der Predigtwirkung wirken schon ziemlich geschlossen.

2 Theologische Theorien stellen die Hauptwirkungen der Predigt heraus; die Praxis stellt fest, daß sie sich häufig nicht feststellen lassen.

3 Homiletische Theorien stellen die Nebenwirkungen einer Predigt zusammen; oft muß sich die Praxis mit diesen begnügen.

4 Empirisch-kritische Theorien stellen die Wirkungslosigkeit vieler Predigten fest und die Gründe für diese zusammen; die Praxis hofft unentwegt weiter.

5 Wer sich nur noch mit der Wirkung der Predigt statt mit der Predigt beschäftigt, darf sich nicht wundern, wie wenig sie wirkt.

5.1 Das letzte Wort über die Wirkung der Predigt spricht die Wirkung der Predigt.

Über Veränderungen, welche die Predigt zuweilen bewirkt, wenn auch nicht immer bezweckt

daß sie die Zusammensetzung der Hörer betreffen nebst der Art, wie sich der Prediger anstellt und den Ort, an welchem er angestellt wird. Dabei hat man an die Residenzpflicht des Ortspfarrers und die Strukturen der Kirche zu denken und an verschiedene Sammlungen, mit denen sie dem zerstreuenden Zeitgeist begegnen will, auch wenn es nicht immer gelingt, sich ihm zu entziehen.

4.2 *Nicht alles, was eine Predigt bewirkt, wird wissenschaftlich beachtet.*

4.2.1 *Die Predigt bewirkt, daß sich ihr Publikum ändert.*

1 Die Predigt kann leichter bewirken, daß sich ein anderes Publikum einstellt, als daß sich ihr Publikum anders einstellt.

1.1 Am leichtesten kann die Predigt bewirken, daß sich noch weniger Publikum einstellt.

2 Wie man sich zur Predigt zusammensetzt, hängt auch damit zusammen, womit sie sich auseinandersetzt.

3 Durch die Auto-Mobilität der Gesellschaft hat sich das Publikum unter der Kanzel verändert: sie regt auch die Hörer zum Kanzeltausch an.

4 Die Evangelischen Akademien haben die Auto-Mobilität der Gesellschaft zur Grundlage ihrer Tagungen und ihrer Parkplatzgestaltung gemacht.

4.2.2 *Oft bewirkt die Predigt, daß sich der Prediger anders verhält.*

1 Mancher denkt und spricht auf der Kanzel ganz anders als sonst: das Ganz-Andere tritt dort an ihn heran.

2 Bei einigen Predigern stellt das Ganz-Andre sich immer mit ein, wo sie sich amtlich einstellen; manche können sich, wie es scheint, nur noch amtlich einstellen.

3 Die meisten Prediger verhalten sich nach ihrer Predigt wieder normal: das Ganz-Andre verläßt sie, sobald sie die Kanzel verlassen.

4.2.3 *Die Predigt kann auch die Theologie eines Predigers ändern.*

1 Oft verändert die Predigt die Theologie, die der Prediger mitgebracht hatte und seinen Zuhörern beibringen wollte.

2 Die Theologie macht sich vor der Predigt mit dieser zu schaffen; auf der Kanzel tritt sie, so hofft man, zurück.

3 Wenn die Theologie in der Predigt entfällt, dient ihr dies selten zum besten; meist fällt mit ihr auch die Bildung dahin.

4 Wenn die Theologie und die Bildung in der Predigt ganz ausfällt, fällt sie der Langeweile anheim; mit Aktualitäten allein läßt sich die Predigt nicht retten.

5 Solange nur seine Theologie das Verhältnis des Predigers zu seinen Hörern bestimmt, denken diese, daß jene bestimmt nicht für sie bestimmt sei.

5.1 Wenn der Prediger über seine Theologie mit seinen Zuhörern spricht, nimmt sie an Unausforschlichkeit ab und an Verständlichkeit zu.

5.2 Wenn der Prediger seine Hörer besser versteht, verstehen auch diese es besser, daß man mit Hilfe der Theologie manches besser versteht.

4.2.4 *Am eindrucksvollsten wirkt eine Predigt, wenn sich die Anstellung eines Predigers durch sie verändert.*

1 Die Predigt kann ihren Hörern zur Förderung und dem Prediger zur Beförderung dienen.

2 Der gute Ruf, den die Predigt dem Prediger bei seinen Hörern verschafft, legt es nahe, ihm seine Berufung zu Höherem nahezulegen.

3 Mancher Prediger fühlt sich zu höheren Ämtern berufen, nur teilt die Behörde seine Empfindungen nicht.

3.1 Wer der Behörde schon nahesteht, braucht ihr seine Beförderung nicht mehr nahezulegen.

4 Der Prediger, den die Behörde fördert, wird zum Dekan, Oberkirchenrat oder Professor befördert.

4.1 Für einen Prediger, den die Behörde fördert, kämen auch Sonderpfarrstellen in Frage, wenn sie auch für die Synode in Frage kämen.

4.2 Sonderpfarrstellen, die nicht dem Bewußtsein der Mehrheit entsprechen, stattet man in der Synode statt mit einem Haushalt mit einem Sperrvermerk aus.

4.2.1 Ein Sperrvermerk ist eine mittlere Feststellung, welche sich leichter rechts- als linksherum aufdrehen läßt.

5 Beförderungsfragen verbrauchen oft viel behördliche Zeit.

5.1 Mancher wird von der Behörde befördert, damit er ihr nicht noch gefährlicher wird.

6 Wenn ein Pfarrer befördert wird, zählt der Spediteur zu den ehrlichsten Gratulanten und der Pfarrhausrat zu den lohnenden Umzugsobjekten.

7 Beförderungen fördern meist neue Beförderungsfragen zutage: wenn einer befördert wird, muß er anschließend auch seine Familie befördern.

7.1 Alle Fragen, die eine Beförderung nach sich zieht, lassen sich, wie es scheint, durch Beförderung lösen.

4.2.5 *Die Predigt beeinflußt den Zeitgeist nur selten, der Zeitgeist beeinflußt die Predigt fast immer.*

1 Das Verhältnis der Predigt zum Zeitgeist ist in der Theorie kompliziert, in der Praxis offen und in der Kirche umstritten.

2 Der Zeitgeist wirkt ziemlich zerstreuend: am Morgen zerstreut man sich in der Arbeitswelt und am Abend, wenn man noch mag, in der Freizeitwelt.

3 Manche Prediger widmen die ganze Arbeit der Freizeitwelt, einige ihre ganze Freizeit der Arbeitswelt; wer fortschrittlich fühlt, bleibt dem Zeitgeist stets dicht auf den Fersen.

4 Die Predigt der Kirche ruft häufig das Mitgefühl mit den Opfern des Zeitgeistes wach und Diakonische Sammlungen für sie hervor.

4.1 Manche Predigt beschwört in der Kirche auch die Gefahren des Zeitgeists und eine Kirchliche Sammlung herauf, die entschlossen ist, seinen Einfluß zu brechen.

5 Der Zeitgeist versteht es vortrefflich, in sämtliche Segel zu blasen: auch wer ihn verfolgen will, muß ihm folgen.

5.1 Eine modische Predigt folgt meistens dem Zeitgeist von gestern; eine Predigt wider den Zeitgeist nimmt häufig den Zeitgeist von morgen vorweg, ohne daß sie es merkt.

4.2.6 *Auf den Einfluß des Ortspfarrers hat die Predigt erheblichen Einfluß.*

1 Viele lassen sich ungern auf ihrer Kanzel vertreten: sie erwarten die Langzeitwirkung der eigenen Predigt.

2 Damit die Predigt stets gleiche Wirkungen zeitigt, sucht man am liebsten nach einer richtungskonformen Vertretung.

2.1 In der Urlaubszeit haben auch kirchliche Streitfragen Hitzevakanz: man gibt sich gerne mit jeder Vertretung zufrieden.

3 Für die Gemeinde ist die Residenzpflicht des Ortspfarrers wichtig: sie kommt oft lieber auf ihn selber zurück als auf seine Predigt.

3.1 Auch für die Nachbarpfarrer ist die Residenzpflicht des Ortspfarrers wichtig: nur so kann man denen, die ihr nicht nachkommen wollen, eine geordnete Stellvertretung verbürgen.

4.2.7 *Ob sich die Strukturen der Kirche durch die Predigt verändern, ist eine Frage, die viele bewegt.*

1 Manche hoffen, das Wachstum des Reiches Gottes werde vorzugsweise im parochialen Rahmen erfolgen: ihre Predigt versucht, das parochiale Bewußtsein zu stärken.

1.1 Aus der Sammlung der Leute in Parochien ergibt sich, so hofft man, die Sendung der Leute von selber; jedenfalls bleibt so die Kirche stabiler.

2 Andre erhoffen das Wachstum des Reiches Gottes im oekumenischen Rahmen; ihre Predigt bekommt dann mit den Strukturen der Kirche zu schaffen.

2.1 Aus der Sendung der Kirche ergibt sich, so hofft man, die Sammlung der kirchlichen Gruppen von selber; jedenfalls wird dann die Kirche mobiler.

2.2 Nicht alles, was sich unter Christen bewegt, ist eingepfarrt oder möchte es werden.

3 Wenn man stabil bleiben will, muß man versuchen, sich selbst zu behaupten.

3.1 Wer mobil werden soll, muß sich nicht bloß zu äussern, sondern auch zu entäußern verstehen.

4 Wenn die anderen so wie wir selbst werden sollen, werden sie nicht gesammelt, sondern vereinnahmt.

4.1 Nur wenn man die andern sich selber mit einbringen läßt, kommt mit der Sammlung der Kirche auch ihre Sendung voran.

5 Wo die Predigt auf Sicherheit geht, schließt sie die Kirchentür zu; eine verschlossene Kirche ist nicht am Ziel ihrer Sendung, sondern am Ende.

5.1 Wenn die Predigt die Kirche zur Welt bringen will, müssen beide sich öffnen.

5.2 Wer sich nicht hergibt, holt keinen herbei, und wo sich nichts öffnet, kommt nichts mehr hinzu.

6 Wenn sie die Strukturen der Kirche durchlässiger machen soll, muß die Predigt das parochiale Gewissen der Hörer erweitern.

7 Wer die nachkonziliaren Hoffnungen festhalten will, kann nicht aufhören, nach konziliaren Strukturen zu suchen.

Was manche sich von der praktischen Theologie für die Predigt erhoffen

Daß die Praktische Theologie durch die Predigt zu Rang und Würden gelangt ist, jetzt aber oft selber nicht weiß, womit sie ihr aufhelfen kann. Daß die Theologie auch eine Wissenschaft ist, die ihre Schwierigkeiten auf Disziplinen verteilt hat, und die Praktische Theologie oft zu neuen Ufern aufbrechen möchte, sie aber immer noch sucht. Daß man den sozialen Kontext der kirchlichen Handlungsfelder entdeckt hat und manche von den humanwissenschaftlichen Außenstellen sehr viel, aber von Lesefrüchten und Wechselbädern weniger halten und sich am liebsten bei mittleren Feststellungen vergnügen.

4.3 *Die Praktische Theologie ist durch die Würde der Predigt zu Rang und Würden gekommen.*

4.3.1 *Der Begriff der Verkündigung ist durch die Predigt zum Inbegriff kirchlicher Praxis geworden.*

1 Daß man die Praxis der Kirche auf den Begriff der Verkündigung brachte, ist der Bedeutung der Predigt zu danken; ob dies ein glücklicher Griff war, ist schwierig zu sagen.

2 Wer immer verkündigen will, benimmt sich überall wie auf der Kanzel und fühlt sich auch nur noch auf dieser zu Hause.

2.1 Wenn die Prediger wünschen, daß die Kirche immer verkündigen soll, ist es den Laien oft anders zumute.

2.2 Wer immer verkündigen will, redet nicht mehr mit den Leuten, sondern spricht laut auf sie ein und zu ihnen herab.

3 Durch den Begriff der Verkündigung hat sich die Predigt dem genus grande genähert, obwohl Augustinus das genus humile für sie empfahl.

3.1 Der Begriff der Verkündigung ist der hohen Bedeutung der Predigt entsprungen; die hohe Bedeutung der Predigt drückt sich jetzt im Begriff der Verkündigung aus.

4 Auch Theologen, die selten Predigten halten, versichern doch, daß sie hoch von ihr halten; nicht jeder, der ihre Bedeutung beteuert, beeilt sich dann auch, sie zu hören.

4.1 Je seltener man eine Predigt hält, desto häufiger läßt man sie drucken.

4.2 Wenn man die Predigt hält, hat man es leichter, an ihre Bedeutung zu glauben, als wenn man sie hört.

5 Die Bedeutung der Predigt wird fast überall höher geschätzt als ihre Praxis am Sonntag.

5.1 Je höher die Predigt sich selber einschätzt, desto seltener kommt sie ans Ziel; was sie an Würde gewann, das hat sie, so scheint es, an Wirkung verloren.

4.3.2 *In der kirchlichen Praxis gilt die Predigtzeit als die Hauptverkehrszeit.*

1 Der kirchliche Hauptverkehr tritt in der Predigt als kirchlicher Binnenverkehr in Erscheinung; der Sonntagsschutz sorgt dafür, daß sich niemand dran stört.

1.1 Der Anspruch auf Öffentlichkeit wird von der Predigt mit Nachdruck erhoben; in der Öffentlichkeit hat sich der Anspruch auf Predigt ermäßigt.

2 Die Predigt besitzt einen guten Ruf bei der protestantischen Stammkundschaft und Niederlagen in sämtlichen Konfessionen.

3 In der Praktischen Theologie machen einige durch ihre Predigt, andre durch ihre Lehre von ihr und die meisten durch ihre Kritik an ihr von sich reden.

3.1 Von den gedruckten Produkten der Praktischen Theologie hält die Predigt die Spitze und sich am längsten im Laden.

4 Wenn sich die Praktische Theologie um die Predigt bekümmert, wird sie als Homiletik bezeichnet.

4.1 Wenn ihre Bekümmerung über die Predigt sehr groß ist, kann die Praktische Theologie als Anti-Homiletik erscheinen.

5 Die Homiletik will alle angehenden Prediger zu einer Predigt anhalten, die alle unbedingt angehen soll.

5.1 Die Homiletik muß manche angehenden Prediger von einer Predigt abhalten, die unbedingt alles angehen will.

5.2 Die Hilfe der Homiletik wird fast nur von denen begehrt, die ohnedies predigen können, und von denen verschmäht, für die sie am wichtigsten wäre.

6 Den Predigern macht der Alptraum der sieben mageren Jahre zu schaffen: außer dem Zuspruch der Homiletik finden sie nicht mehr viel Zuspruch.

6.1 Manche fragen, wie lange die Sonntagspredigt noch ihre Unkosten deckt.

4.3.3 *Die Praktische Theologie hat, so scheint es, die längste Zeit von der Würde der Predigt gelebt.*

1 Einige fragen, wer noch der Predigt bedarf, andere, ob der Bedarf sagt, was not tut.

2 Die Kritik an der Predigt hat Beifall im eigenen Lager, aber kaum Echo in anderen Konfessionen gefunden.

2.1 Von protestantischer Seite werden die homiletischen Wertpapiere jetzt à la baisse gehandelt; auf katholischer Seite werden sie höher notiert.

3 Antihomiletische Emissionen werden zwar lebhaft geordert, doch nimmt man sie selten voll mit: ihre Sicherheiten sind fraglich.

3.1 Wer die Predigt in Frage stellt, kann bei Hörern und Kirchenbehörden rasch in die roten Zahlen gelangen.

3.2 Die Antihomiletik wird von den Predigern, die es noch gar nicht geworden sind, hochgeschätzt, aber von denen geschmäht, für die sie nützlich sein könnte.

4 Der Traum von den sieben fetten Jahren geht auch für die Antihomiletik zu Ende und ihre Ernte ist mager: was der Sonntag verliert, holt der Werktag nicht ein.

5 Die Kritik an der Predigt ist kein Ersatz für die Predigt; die Alternativen sind spärlich.

4.3.4 *Die Praktische Theologie ist eine Wissenschaft, welche die Theorien der Aporien der Praxis verbessert.*

1 Aporien sind Schwierigkeiten, bei denen es bleibt, und die Wissenschaft ist die Kunst, teils mit ihnen, teils von ihnen zu leben.

1.1 Die Wissenschaft kann ihre Aporien auf Disziplinen verteilen, in die sie zerfällt, und sie dadurch genauer beschreiben.

2 Die Theologie ist auch eine Wissenschaft: sie ist in Disziplinen zerfallen und hat ihre Aporien auf diese verteilt.

2.1 Die Theologie hat mit klassischen Aporien zu schaffen und ist in die klassischen Disziplinen zerfallen.

2.2 Die Theologie hat auch mit praktischen Aporien zu schaffen und ist deshalb auch in praktische Disziplinen und manchmal mit diesen zerfallen.

3 Die praktische Theologie ist eine Wortverbindung, die es schon gab, als es die Praktische Theologie noch nicht gab.

3.1 Die Praktische Theologie ist jene Wortverbindung geworden, welche die Wortverbindlichkeit für die Praxis auf den Begriff bringen soll.

4 Die Theorien der Praktischen Theologie pflegen der kirchlichen Praxis als Vorentwurf oder als Vorwurf zu dienen: die Aporien der Praxis lassen sich dadurch leichter ertragen.

5 Theorien werden nicht selten für eine Praxis entwickelt, die sich auch ohne diese entwickelt.

5.1 Die Theorie ist von sich selber begeistert, die Praxis häufig von ihren Niederlagen bedrückt.

4.3.5 *Die Praktische Theologie will die Kirchliche Praxis teils besser begründen, teils gründlich verbessern und geht ihr voll Hoffnung voran.*

1 Die Praktische Theologie darf sich nicht in die vorhandenen Theorien ergeben, die sich aus der vorhandenen Praxis ergaben.

1.1 Die Praktische Theologie darf die vorhandene Praxis nur soweit bestätigen, als sie sie auch zu ändern vermag.

2 Einreden der Praxis gegen die Theorie sind oft nur Ausreden gegen die Zumutung einer besseren Praxis.

2.1 Eine Praxis, die bleiben will, wie sie ist, bleibt hinter sich selber zurück.

3 Wer nach einer besseren Praxis verlangt, muß es lernen, um diese zu streiten; wo man sich streitet, erfährt man etwas von einander.

4 Das Verhältnis von Theorie und Praxis ist der Prozeß, in welchem die Zuständigkeiten für ihren Zustand ermittelt werden, um diesen zu ändern.

4.1 Der Blick auf die Praxis brachte Sara zum Lachen, im Blick auf die Theorie wurden Abrahams Hoffnungen wach; unter anderen Umständen hatten dann beide gut lachen.

4.3.6 *Wenn die Praktische Theologie zu neuen Ufern aufbrechen will, folgt die Praxis ihr zögernd.*

1 Die kirchliche Praxis wird manchmal mit einer Küstenschiffahrt verglichen: man bleibt dicht unter Land und ist mit den Untiefen bestens vertraut.

2 In der kirchlichen Praxis wird oft nach einer anderen Praxis gerufen: nur über der Tiefe des Unglaubens komme man auf die Höhe der Zeit.

2.1 Einige möchten die Meditationen in Aktionen, die Predigten in Politische Nachtgebete und das Schifflein der Kirche zur Kreuzfahrt ins Ungewisse auslaufen lassen.

2.2 Andere möchten die Ära der kirchlichen Bürgerlichkeit durch kirchliche Bürgerinitiativen beenden.

3 Nicht jeder, der seine Segel auf Große Fahrt setzt, sticht nachher in See: oft geht man bloß auf der Reede vor Anker.

3.1 In der Ruhe des Hafens kann man die Ruhe des Hafens in Ruhe beklagen.

3.2 Auf der Seekarte wirkt jeder neue Kurs überzeugend; auf der offenen See kann auch der Klabautermann kommen.

4 Die kirchliche Praxis läßt sich nicht leichthin verändern: ein neuer Kurs ist der alten Besatzung nur selten geheuer.

5 Beim Aufbruch zu neuen Ufern hat mancher die alten erst richtig entdeckt.

4.3.7 *Die Praktische Theologie ist im veränderten Kontext der Praxis komplexer geworden.*

1 In klassischen Zeiten hat die Theologie von den Sprachen, von philosophischer Bildung, historischem Urteil, Sachverstand und Belesenheit alles erwartet.

2 In ihren klassischen Zeiten hat sich die Theologie für die Praxis fast ganz mit der Predigt und mit dem Glauben an die Charismen begnügt.

2.1 Daß man trotz aller Charismen auch Kenntnisse braucht, ist eine Einsicht, die manche Charismen ersetzt.

3 Um nicht als vermessen zu gelten, muß man auch das Umfeld der Praxis vermessen und Kenntnisse über dieses erwerben.

4 Vom Umfeld her sieht die kirchliche Praxis meist anders aus als auf ihrem eigenen Boden.

4.1 Wenn einer nur auf dem Boden der Bibel und des Bekenntnisses stehen will, steht er manchmal nicht auf, sondern über dem Boden.

4.3.8 *Für die Praktische Theologie haben sich im sozial- und humanwissenschaftlichen Kontext der Praxis neue Komplexe ergeben.*

1 Viele Wissenschaften haben jetzt ihr soziales Gewissen entdeckt: die interdisziplinären Beziehungen werden stürmisch entwickelt.

1.1 Der wissenschaftliche Nachwuchs hat sich fast ganz auf die interdisziplinären Bezirke geworfen und frißt sie in Kürze so kahl wie der Heuschreckenschwarm seinen Acker.

1.2 Aus vergessenen Paradiesen werden verlorene Paradiese, wenn man sie erschließt: sie werden von ihrem eigenen Boom stranguliert.

2 Interdisziplinäre Beziehungen haben sehr lange als Grenzübergriffe gegolten; die Theologie war für sie so verschlossen wie die Innere Mongolei für den Fremdenverkehr.

3 Die Theologie will ihr Defizit an Erfahrung verringern und sucht sich jetzt für die empirischen Wissenschaften zu öffnen.

3.1 Wenn einer aller Erfahrung mißtraut, wird er ebensowenig erfahren wie wenn einer jeder Erfahrung verfällt.

4 Aussiedlerhöfe im Raum der Human- und Sozialwissenschaften erfreuen sich unter den Theologen großer Beliebtheit.

4.1 Das Interesse am Umfeld bringt in der Praktischen Theologie vor allem Spezialdisziplinen und Spezialisten hervor.

4.2 Die Spezialdisziplinen der Praktischen Theologie entfalten ein blühendes Leben: ihre literarische Fruchtbarkeit erinnert an die Bevölkerungsexplosion in Entwicklungsgebieten.

4.2.1 Jede Unterrichtskrise bringt religionspädagogische Innovationen, jedes psychopoimenische Buch aus Amerika neue Vokabulare hervor.

5 Die Praktische Theologie scheint in ihrem Umfeld teils auf- und teils unterzugehen und im Begriff, ihren Begriff zu verlieren.

5.1 Die Praktische Theologie erscheint emsig bemüht, zur sozio-psycho-politologisch-sozialpädagogisch-kleingruppendidaktischen Pastoralkybernetik zu werden.

6 Die Lust, im weiteren Umfeld zu dilettieren, lockt viele, doch halten gesammelte Lesefrüchte nicht allzulang vor.

7 Aus Unlust am Dilettieren sucht mancher anstelle der Praktischen Theologie die Humanwissenschaften lieber gleich selbst zu studieren.

4.3.9 *Die Praktische Theologie muß sich einstweilen mit mittleren Feststellungen zur Praxis bescheiden.*

1 Ältere Prediger haben die Praktische Theologie vor allem als homiletisches Wechselbad kennengelernt: man überschüttete sie mit den Freuden und Leiden der Predigt.

2 Der Pfarrer von Cleversulzbach begehrte, mit Freuden und Leiden nicht überschüttet zu werden; er wollte sich lieber hold in der Mitten bescheiden.

3 Auch die Praktische Theologie will sich unauffällig inmitten der Praxis am liebsten mit mittleren Feststellungen zu dieser bescheiden.

4 Die Praktische Theologie kann die Predigt inmitten der Praxis und diese mit Hilfe der Predigt verbessern, solange sie von ihr Gutes erhofft, aber nicht alles erwartet.

Über den theologischen Studiengang und ob dieser vom Text bis zur Predigt oder darüber hinausführen soll

Daß man im Studiengang von den älteren Sprachen über neuere Bücher zur Kanzel und in die gehobene Beamtenlaufbahn gelangt und manche auch ohne die Predigt nach dieser verlangen. Daß die Studienreform und die Curricula zwar den Weg vom Text bis zur Predigt verkürzen, aber den Studiengang weiter verlängern. Daß einige ihren Studiengang lieber verdoppeln und auch seine Labyrinthe nicht fürchten, hernach aber zusehen müssen, daß man aus diesen dann wieder herauskommt.

4.4 *Als Prediger muß man den theologischen Studiengang hinter sich haben und hat ihn oft weiter hinter sich.*

4.4.1 *Der klassische Weg protestantischer Theologie führt vom Text bis zur Predigt; häufig endet er dort.*

1 Der theologische Studiengang beginnt mit dem Dienst an den Sprachen und endet beim Dienst mit dem Wort.

2 Die Sprachen machen den Studiengang zum Hindernislauf: das Sprachengeschick wird zum Studiengeschick.

3 Nach den älteren Sprachen macht man sich mit neueren Texten und mit den neuesten Worten vertraut, falls man es nicht umgekehrt macht.

3.1 Manchen verschlagen die alten Sprachen die Sprache, andern die neuen Wörter das Wort.

4 Dem Sprachgewaltigen liegen die Texte offen, dem Textgewaltigen steht das Wort zu Gebote, dem Wortgewaltigen sitzen die Hörer zu Füßen.

5 Wer in den Sprachen noch schwach ist, läßt sich an der Kraft seiner Rede genügen; sie läßt oft auch die Schwachheit des Geistes vergessen.

4.4.2 *Der Studiengang wird durch ältere Sprachen und neuere Bücher verlängert.*

1 Im Studiengang hat man nicht nur mit den älteren Sprachen, sondern vor allem mit neueren Büchern zu schaffen, die teils neu, teils aufs neue erscheinen.

1.1 Einige stellen sich auf die Lektüre der Bücher, andere diese auf ihren Regalen ein; wieder andre verzichten auf beides.

2 Ob sich bei den Lehrveranstaltungen mehr die Bücherleser oder die Büchereinsteller einstellen, stellt sich erst später heraus.

2.1 Lehrveranstaltungen werden häufiger eingestellt, weil zu viele Studenten nicht mehr erscheinen, als weil zu viele Bücher erschienen sind.

3 Aufsätze liest man rascher als Bücher; mancher beweist seine Meisterschaft in der Beschränkung auf diese.

3.1 Wer nur Skripten benützt, fährt im Schnell-Lift zur Kanzel und braucht sich in einzelnen Lehrgebäuden nicht lang zu verweilen.

4 Mancher nimmt sich nur wenig Zeit für das Gute, das ihm theologische Bücher enthüllen; er wohnt dafür den Enthüllungen bei, die das Böse in der Gesellschaft betreffen.

4.4.3 *Der Studiengang führt zur Predigt und gleicht ihr auch darin, daß er sich häufig selber verlängert.*

1 Der Studiengang hat sich vor allem dadurch verlängert, daß man viel Zeit braucht, um über seine Verkürzung zu reden.

1.1 Anstelle der Studienreform diskutiert man darüber und statt um den Studiengang kümmert sich mancher fast nur noch um dessen Reform.

2 Für die Studienreform spielt das Curriculum eine bedeutende Rolle: es bringt jeden Studienzug in die ihm eigne Bewegung.

2.1 Der Informationsfluß wird durch Curricula schiffbar gemacht und trägt jedermann seinem gewünschten Lernziel entgegen.

3 Auch Israel mußte zuerst sein Curriculum rund um Jericho absolvieren, um in das Land voller Milch und Honig zu kommen.

3.1 Unter Vorantritt eines Posaunenchors zog man siebenmal rund um die Stadt und brachte durch nonverbale Demonstrationen ihre Mauern zum Einsturz.

4 Bei der Verlängerung eines Studiengangs kommt selten mehr als diese heraus.

5 Im Zuge der Studienreform sind außer den Studienplänen auch die Hochschullehrer zerfallen: teils in den Bund für die Freiheit der Wissenschaft, teils auch mit diesem.

5.1 Die älteren Hochschullehrer beteiligten ihre Studenten an den Problemen, die sie erforschten.

5.2 Die neuere Hochschuldidaktik beteiligt sich an der Erforschung der Motivationsprobleme ihrer Studenten.

4.4.4 *Je weiter der Studiengang über die Predigt hinausgeht, desto später kommt er auf diese zurück.*

1 Der Studiengang hat den Weg vom Text bis zur Predigt verkürzt und ist dennoch länger geworden: er führt jetzt weit über diese hinaus.

2 Im Studiengang wünscht man nicht, angepredigt zu werden: die Proklamationen von oben werden durch Kommunikation an der Basis ersetzt.

2.1 Statt der Programme der herrschenden Lehrer werden jetzt an der Basis Programme der herrschenden Gruppen empfohlen.

3 Von der Predigt weiß man viel besser, wie wenig sie leistet, als wie man sie macht.

3.1 Im Homiletischen Seminar wird viel lieber geklärt, was sich gegen die Predigt als wie sie sich selber vorbringen läßt.

4 Der Dialog soll die monologische Predigt hinter sich lassen, doch setzt er sich häufig aus Monologen zusammen.

4.1 Viele antihomiletische statements sind ebenso kerygmatisch und assertorisch, wie es die Predigt ist, gegen die sie sich wenden.

5 Im Homiletischen Seminar beweist man sein Predigtvermögen oder gibt dieses ab; der Konjunkturzuschlag macht die Vermögensabgabe bei manchem komplett.

5.1 Nach dem Ende des Studiengangs sind die Predigerseminare und die Besoldungskassen der Kirchen um die Wiedererstattung des Predigtvermögens bemüht.

4.4.5 *Der Studiengang gilt als erhebender Zugang zu einer gehobenen Beamtenlaufbahn.*

1 Der Studiengang setzt sich im Amtsweg des Predigers fort: er führt ihn von der Anfechtung in die Erfahrung und von einer Gemeinde zur andern.

2 Der Amtsweg des Predigers scheint dem Perpendikel der Standuhr zu gleichen: "er diente mit Freuden am Wort hin und her in vielen Gemeinden", heißt es im Nachruf.

3 Man ist auch schon vom U-Boot zur Kanzel gekommen und hat dadurch auf die höheren Militärs einen tieferen Eindruck gemacht.

3.1 Der Eindruck beim Militär kann den Prediger auch nicht mehr schützen als die Kanzel es tut.

4 Der kirchliche Amtsweg ist nicht der amtliche Dienstweg: man hat auf dem Amtsweg sehr viel mit der Predigt zu schaffen.

4.1 Auf dem Dienstweg hat man nur dann mit der Predigt zu schaffen, wenn sich ein ungehaltener Hörer über eine gehaltene Predigt beschwert.

5 Wenn den Prediger Hörerbeschwerden beschweren, sehnt er sich nach seiner alten Gemeinde, nach einem anderen Studiengang oder nach seinem früheren U-Boot zurück.

5.1 Mancher ginge oft lieber in der latenten Kirche auf Tauchstation, statt in der patenten Kirche auf die Kanzel zu steigen.

4.4.6 *Wer dem kirchlichen Amtsweg entgehen will, will am liebsten im Studiengang bleiben.*

1 Wo immer die Wissenschaft neue Zweige hervorbringt, findet ein neues Forscher- und Lehrpersonal darauf Platz.

2 Wer die Kanzel fürchtet, wünscht häufig, im Hörsaal zu bleiben, und wer die Predigt am liebsten entbehrt, sucht sich als Lehrperson unentbehrlich zu machen.

3 Um auf einem Wissenschaftszweige sein Unterkommen zu finden, muß man auf diesem zuerst die niederen und dann die höheren Weihen erlangen.

3.1 Die niederen Weihen der Wissenschaft sollen dem Fortschritt der Wissenschaft dienen.

3.1.1 Der Doktorgrad mehrt im kleinen Kreise das Ansehen, das man genießt, und in hohem Maße die Selbstachtung, die man sich zollt.

4 Die höheren Weihen der Wissenschaft sollen den Wissenschaftlern und ihrem Fortkommen dienen.

4.1 Die Habilitation macht dem unansehnlichen Zustand des Forschers und Lehrers ein Ende.

4.1.1 Auch wenn ein Habilitierter nicht besser als vorher verdient, kann man ihm nunmehr das Ansehen ansehen, das er verdient.

4.1.2 Geschicktes Neuformulieren älterer Aporien läßt den Verdacht auf Lehrstuhlreife begründet erscheinen.

4.1.3 Mit der Laufbahn festigt sich auch die Gesinnung.

5 Als Habilitierter ist man von Stund an berufbar: der eine bekommt seinen Ruf gleich in bar, der andre bleibt lebenslang bar jeden Rufes.

5.1 Um einen Ruf zu bekommen, muß man schon einen besitzen.

5.2 Wenn man einen Ruf erwartet und doch nicht bekommt, ist er anscheinend unbekömmlich geworden.

5.3 Viele scheinen erwählt, doch nur wenige werden berufen.

4.4.7 *Mancher will mehr als bloß predigen können: er legt neben dem theologischen Studiengang noch einen anderen zurück.*

1 Die alte Dogmatik hatte die Bibel buchstäblich für alles verbindlich und der Predigt erst alles ganz einfach und später dann sehr viel zu schaffen gemacht.

1.1 Die alte Dogmatik war um die wahre Predigt bemüht, und diese war immer so wahr, wie sie textgemäß war.

2 Neuerdings macht die empirische Forschung die Statistik für alles verbindlich und der Predigt erst sehr viel zu schaffen, aber später, so hofft man, dann alles ganz einfach.

2.1 Die empirische Forschung ist um die wirkliche Predigt und darum bemüht, wie sie der Durchschnitt verwirklichen kann.

3 Der eigene Freiheitsdrang und der Wunsch nach mehr Wissen hat bei einigen auch das Verlangen erweckt, den theologischen Studiengang zu verdoppeln.

3.1 Nicht alle Erweckungen halten sich durch, und wer zwei Studiengänge durchläuft, wird manchmal in keinem ganz heimisch.

4 Auf zwei Fahrbahnen kommt man zwar zügig voran, fährt aber meistens auch weiter.

4.1 Der sozialwissenschaftliche Eiltransport geht auf der Überholspur durchs Ziel, der theologische Schwerlastverkehr bringt auf der Kriechspur das Grundwissen nach.

5 Nicht jeder, der doppelt studiert hat, ist doppelt gebildet geworden.

5.1 Wer seinen Studiengang erfolgreich verdoppelt hat, weiß schließlich doppelt so gut, wie wenig er weiß.

4.4.8 *Wer zwei Studiengänge durchläuft, der kann sich in beiden verlaufen.*

1 Wer einen doppelten Studiengang einschlägt, kann dabei in zwei Labyrinthe geraten; man braucht nicht bloß doppelten Mut, sondern auch doppelte Mittel.

2 Der Eingang zum Labyrinth ist erleuchtet, der Rest geht im Dunkeln von statten.

3 Mancher kehrt ein, aber nimmermehr wieder, und vom betretenen Ende der kühnen Betreter schweigt selbst die Statistik.

3.1 Das Labyrinth wird zur Katakombe der Hoffnungen, die man in ihm begräbt.

4 Die kretische Mythologie gibt zu erkennen, daß man zur Wiederkehr aus dem Labyrinth einen langen Geduldsfaden braucht.

4.1 Meist ahnen die Helden es nicht, wie dünn der Faden ist, an dem ihre Wiederkehr hängt.

5 Frühvermählte kehren am schnellsten wieder: die Gattin strickt erst für den Vorrat und holt ihren Helden dann bald mit dem Kinderwagen zurück.

5.1 Schon manches Interim zog seinen Vorteil aus dem Familiensinn der Pastoren.

6 Die Homiletik sitzt immer noch gerne am Ausgang des Studienganges und sonnt sich im Glanz der großen Geschichte der Predigt.

6.1 Die Homiletik horcht auf den Lärm, der vom underground zu ihr heraufsteigt, und wartet gelassen darauf, wann die Helden zurückkommen werden.

7 Die Homiletik hält ihren Leitfaden fest in der Hand und strickt einstweilen nach älteren Strickmustern weiter: Impulswärmer, beispielsweise.

Interdisziplinäres Intermezzo

Hier werden Betrachtungen über den Tauschhandel angestellt und Seitenblicke auf verschlossene Paradiese und die Bäume der guten Erkenntnis des Bösen geworfen.

4.5 *Der interdisziplinäre Tauschmarkt macht von sich reden.*

4.5.1 *Auf dem interdisziplinären Tauschmarkt tauscht man seine Aporien und sich selber über sie aus.*

1 Vokabulare sind für den Tauschmarkt geeignet: um sie zu benützen, muß man das System nicht begreifen, zu dem sie gehören.

1.1 Nicht alle Warenbenützer sind ihre wahren Besitzer; am Gebrauch kommt's heraus, wenn man sich die Ausstattung bloß im Leihhaus besorgt hat.

2 Der interdisziplinäre Tauschmarkt ist zum Eldorado für Sammler geworden: sie umgeben sich gern mit gefüllten Regalen.

2.1 Volle Auslagen sind gut fürs Geschäft, auch wenn die Auslagen für die Auslagen leere Geschäftskassen machen.

3 Wo man sich austauscht, kann man sich auch täuschen: mancher Wortwechsel hat sich schon als Verwechslung von Worten erwiesen.

4.5.2 *Auf dem Tauschmarkt stellt man gebrauchte Artikel für jeden Bedarf zur Verfügung.*

1 Die Geisteswissenschaften betreten den Tauschmarkt nur zögernd: man kann Kenntnisse tauschen, aber die Einsichten muß jeder selbst produzieren.

2 Die Naturwissenschaft hat ihren eigenen Markt: alles, was sie entdeckt, wird verwertet und verkauft sich von selber.

2.1 Politik und Wirtschaft kommen für alles auf, was technisch aufkommt, und sind bereit, für die neueste Technologie jeden Preis zu bezahlen.

2.2 Wenn man bezahlen muß, was man erforscht, erforscht man am liebsten, was sich bezahlt macht.

3 Das Leben hat sich aus den Inkonsequenzen der Schöpfung entwickelt, doch das Zusammenleben kann an den Konsequenzen der Technik ersticken.

4 Auf dem Tauschmarkt sind die Sozial- und Humanwissenschaften am stärksten gefragt; der Siegeszug ihrer Vokabulare ist unaufhaltsam geworden.

4.1 Für die Erziehungswissenschaft ist der Tauschmarkt besonders ergiebig: wer sich mit allen befassen muß, kann auch fast alles gebrauchen.

5 Auf dem Tauschmarkt sind zahlreiche alte Artikel in einer neuen Verpackung zu sehen.

5.1 Mit der Verpackung entfällt auch die neue Valuta: was dem Käufer gefiel, gefällt dem Konsumenten nicht mehr.

6 Auf dem Tauschmarkt empfiehlt es sich, die Pädagogik der Unterdrückung unnötiger Wünsche fortzuentwickeln.

7 Auf dem Tauschmarkt empfiehlt es sich gleichfalls, neben dem Austausch von Wissen und Können auch an einen Austausch von Weisheit und Einsicht zu denken.

4.5.3 *Die Kirchen haben es auf dem oekumenischen Tauschmarkt erfahren, wie nötig und schwierig der Tauschhandel ist.*

1 Die Christenheit fördert sich, wenn sie den Austausch der Alten, Neuen und Dritten Welt fördert.

2 Wer meint, daß sich Menschen verschiedener Glaubensweisen austauschen sollten, gerät in den Synkretismusverdacht: man wolle das christliche Proprium expropriieren.

2.1 Wer meint, daß sich Konfessionen und Theologien austauschen sollten, gerät in den Pluralismusverdacht: man wolle die Wahrheitsfrage relativieren.

2.2 Wer meint, daß man sich über den Dienst an den Nöten der Menschheit austauschen sollte, gerät in den Pragmatismusverdacht: man wolle die ideologischen Gegensätze verwischen.

3 Das Christentum ist oekumenisch geworden, die Christen müssen's noch werden.

3.1 Schon mancher zog aus, um die Eintracht der Völker zu finden, und hat dabei die Übermacht der politischen Blöcke fürchten gelernt.

3.2 Schon mancher zog aus, um die Einheit der Kirchen zu suchen, und hat dabei die Übermacht überkommener Denkmuster fürchten gelernt.

3.3 Schon mancher zog aus, um die Interkommunion zu erreichen, und hat dabei das Übergewicht der Gewissensbedenken fürchten gelernt.

3.3.1 Wer zum Fernziel erklärt, was als Mittel gedacht ist, um das Ziel zu erreichen, kommt dem Ziel schwerlich näher.

4 Der oekumenische Transfer pflegt teils an den Sprachbegriffen und teils an den Amtsbegriffen zu scheitern: was instituiert ist, das will es auch bleiben.

5 Wer sich den Systemen entziehen will, wird leicht zwischen Blöcken zerrieben, und wer kühn nach dem Kommenden greift, greift auch manchmal daneben.

5.1 Die Freiheit ist nirgends neutral und macht sich immer verdächtig.

6 Die Kirchen können nicht ihre Vergangenheit, wohl aber sich über die Zukunft austauschen; sie fördern das Christentum, wenn sie dies tun.

4.5.4 *Die Theologen können es auf dem wissenschaftlichen Tauschmarkt erfahren, wie nötig und schwierig der Tauschhandel ist.*

1 Die Theologie, die für sich bleiben will, verliert ihren Sinn: sie ist überall von der Entwicklung des Denkens betroffen.

2 Der Glaube kann seine Erfahrung nur denen vermitteln, mit denen er ihre Erfahrungen teilt.

2.1 Die Missionare sollten stets außer dem Mundwerk ein Handwerk erlernen: wer nur noch das Mundwerk beherrscht, verliert rasch die Ohren der Leute.

3 Der wissenschaftliche Tauschmarkt ist in Gefahr, zum Allmarkt für Konsumenten zu werden: je reicher das Angebot ist, desto größer wird auch die Verwirrung.

3.1 Das eigene Denken wird auf dem Allmarkt nicht weitergetrieben, sondern vertrieben: er erzeugt die Bedürfnisse, die er befriedigt, und läßt keine Wünsche mehr offen.

4 Der wissenschaftliche Tauschmarkt ist in Gefahr, zum Schwarzmarkt der Dilettanten zu werden: wo sich die Fachmärkte schließen, blühen die Schwarzmärkte auf.

4.1 Es ist wenig wahrscheinlich, daß der Erfinder des Schwarzmarkts der Mann war, der auch das Pulver erfand.

5 Der Dilettant meint es immer nur gut; er ist deshalb besonders gefährlich, weil er's nicht weiß.

5.1 Ein Warenhaus ist kein Fachgeschäft mehr.

6 Der wissenschaftliche Transfer droht an den Fachbegriffen zu scheitern: schon mancher, der den Tauschmarkt als Fachmann betrat, hat ihn als Dilettant wieder verlassen.

7 Der wissenschaftliche Transfer darf sich weder auf Informationen beschränken noch zur Geheimwissenschaft werden.

7.1 Informationen machen noch niemand verständig; der Sachverstand ist gelehrig und hilft dazu, daß man es bleibt.

4.5.5 *Die Theologie ist auf dem Tauschmarkt oft nicht besonders begehrt.*

1 Theologische Liebeserklärungen an die anderen Wissenschaften sind häufig, doch werden sie dortseits nur sparsam erwidert.

2 Sozialempiriker, die auch Theologen sein sollten, sind auf dem weltlichen Stellenmarkt wenig gefragt.

2.1 Auch auf dem kirchlichen Stellenmarkt ist die Nachfrage nach Theologen, die zugleich Sozialempiriker wären, bescheiden.

2.2 Wer ins Geschäft kommen will, braucht Geduld und muß draufzahlen können.

3 Die Bedarfsschätzung für den Beruf und die Wertschätzung in der Gemeinde liegt oft weit auseinander.

3.1 Ältere Institutionen äußern nur selten den Wunsch, die Ingenieure ihrer totalen Veränderung selbst zu bezahlen.

4 Beim wissenschaftlichen Austausch wird von Theologen erwartet, daß sie sich als Theologen verstehen.

4.1 Wenn man im wissenschaftlichen Austausch die Theologie nicht mehr bräuchte, hätte dies nicht bloß die Theologie zu bedauern.

4.2 Wo man für die Zukunft keine Theologie mehr benötigt, steht es um die Zukunft nicht besser als um die Theologie.

5 Jedermann sieht, wie leicht man sich täuschen kann, nur der, der sich täuscht, sieht es nicht.

5.1 "Der Markt der schönen Täuschungen ist nun vorüber, doch ihr verlasset ihn nicht eben heiterer, mein Prinz", denkt mancher, wenn er den Tauschmarkt verläßt.

4.5.6 *Neuere Analysen des Tauschmarkts können an alte Geschichten der Bibel erinnern.*

1 Für Theologen bietet sich auf dem Tauschmarkt Gelegenheit, wieder an Adam und Eva zu denken.

2 Man sieht sich vor mehrere Gärten gestellt und betrachtet dort Bäume, die Weisheit versprechen.

2.1 Die Bäume in fremden Gärten sind lieblich zu schauen, besonders auf große Entfernung, und lustige Bäume: man denkt, daß sie klug machen könnten.

2.2 Von den Früchten der Bäume in fremden Gärten verspricht man sich Aufschlüsse über das Böse und einen Abschluß mit einem Diplom.

3 Einige fürchten, die Ausschau nach Bäumen der guten Erkenntnis des Bösen könnte wieder bös enden.

4 Das Tor zu den fremden Gärten steht offen und der numerus clausus bevor.

4.1 Wer kein Tor bleiben will, eilt zu den Toren hinaus und pflückt seine Lesefrüchte vom Überhang ab.

5 Das Tauschgeschäft führt das Teamwork herbei: man gibt die gekosteten Früchte rasch weiter und teilt sich auch gleich in die Kosten.

5.1 Einfache papers, welche vervielfältigt werden, sind zur Weitergabe von Lesefrüchten besonders geeignet.

5.2 Auf den papers stellt man die Ansichten andrer zusammen und auch gleich heraus, wer schon früher so dachte, wie man es heute für klug hält.

6 Dem Aufgeklärten gehen die Augen erst auf und dann über: er findet die eigene Blöße genierlich und hält bestürzt Umschau nach Schürzen.

6.1 Die Schürzen schürzen den Knoten der ganzen Geschichte: wieviel man auch vorschürzt, es bringt die verlorene Unschuld nicht wieder.

7 Nichts verrät die verlorene Unschuld so haargenau wie das Feigenblatt, das sie bedeckt.

7.1 Adams Feigenblatt ist der erste Maßanzug eines Aufgeklärten gewesen.

4.5.7 *Paradiese müssen verschlossen bleiben; wenn man sie aufschließt, dann sind sie's nicht mehr.*

1 Benachbarte Disziplinen liegen zwar überall nahe, sind aber für Unbefugte verboten.

2 Auch das Gelobte Land machte einst auf die Kinder Israel einen verschlossenen Eindruck: sie sandten Kundschafter aus.

2.1 Kundschafter kommen oft auf verwegene Art in verschlossene Städte und verlassen sie selten auf feine Art wieder.

2.2 Wenn Kundschafter wiederkehren, haben sie viel zu erzählen und werden zu Hause bestaunt.

2.3 Die Kundschafter Israels lobten das Morgenland, das morgen zu ihrem Gelobten Land würde, und erzählten, wie groß die Trauben dort wären.

2.3.1 Die Kundschafter Israels fügten dann später hinzu, wie hoch die Trauben dort hingen und daß man auch Enakskinder erblickte.

3 Kundschafter rufen nicht nur die Befürchtungen, sondern meist auch den Wind wach, in den man sie schlägt.

3.1 Schon manches Gelobte Land hat verheißen, daß es eins wäre, und war hernach keines; als Israel drin war, da lobte man's leiser.

4 Was man bloß antizipiert, das muß man noch nicht versteuern; die Landnahme zehrt den konzeptionellen Überschuß der Vorwegnahme bald wieder auf.

4.1 Paradiese leben stets von der Hoffnung auf diese; sobald man drin ist, kühlen die Hoffnungen ab.

4.5.8 *Auf dem interdisziplinären Tauschmarkt kommt das Teamwork in Gang.*

1 Mit dem interdisziplinären Austausch geht eine Ära zu Ende: das Eigentum an den Denkmitteln und den Wissensbeständen wird jetzt enteignet.

2 Für das Teamwork kann man nur Spezialisten gebrauchen, die ihr Können so einbringen können, daß es den andern zugutkommen kann.

2.1 Im Teamwork sind Diktatoren so schlecht zu gebrauchen wie Dilettanten.

2.2 Solange der Dilettant auf zwei Spielbeinen hüpft und der Spezialist auf dem Standbein verharrt, kommt kein Teamwork zustande.

3 Posthum gelingt das Teamwork meist leichter: kein Großer vermag sich vor seinen Erben zu retten.

3.1 Theologen sind zuständig für das Posthume: sie können auch manchen Agnostiker, wenn er lang genug tot ist, beerben.

4 Der interdisziplinäre Tauschmarkt läßt an das Gleichnis vom vierfachen Ackerfeld denken:

4.1 Einiges fällt auf den Weg der Methodenprobleme, einiges unter die Steine des Vokabulars, einiges zwischen die Dornen einer Detail-Analyse:

4.2 Wie die Frucht ausfällt, zeigt die Ernte, falls sie nicht ausfällt.

Melancholisches: über die Alterserscheinungen an der Predigt und die Frage, in die man sie stellt

Daß die Predigt so alt erscheint, wie sie ist, und daß in dem Vakuum, das sie hinter sich läßt, die Melancholie und die Frage gedeiht, in die man sie stellt. Daß die Theologie der Frage nicht bloß rhetorisch gemeint ist und die kritischen Fragen im Hinterfragen ganz zu sich selbst kommen wollen. Auch wird festgestellt, daß manche der homiletischen Melancholie auf liturgischen, andere auf gesellschaftskritischen Wegen entkommen möchten, ohne daß dieses gelingt, und daß ihr nur die Predigt selbst abhelfen kann.

4.6 *Viele Prediger sind in Gefahr, melancholisch zu werden.*

4.6.1 *Die Predigt besitzt ein beträchtliches Alter.*

1 Als das Altertum abtrat, trat das Christentum auf und die Predigt mit ihm in Erscheinung.

2 Als das Mittelalter begann, kam die Predigt ins Stokken: das Bildungsdefizit unter den Priestern ließ sie verstummen.

3 Als die Reformationszeit heraufkam, wurde die Kirche entzweit und die Predigt verdoppelt.

4 Als die Neuzeit zur Aufklärung führte, führte die Predigt die Aufklärung über die Neuzeit herbei.

5 In der neueren Zeit hat man die Predigt mehrfach erneuert, in der neuesten ist sie sichtlich gealtert.

5.1 Mancher verliert im Alter sein ganzes Vermögen und besitzt dann fürs Alter nichts mehr als sein Alter.

6 Wenn an der Predigt ihr höheres Alter und zu ihr fast nur noch das höhere Alter erscheint, sind die Prediger in der Gefahr, melancholisch zu werden.

4.6.2 *Während das Alter sonst vieles vermindert, vermehrt es die Melancholie.*

1 Daß die Natur im Alter stark nachläßt, ist keine Stärke des Alters, sondern seine Natur.

1.1 Dem natürlichen Nachlaß im Alter entspricht nicht immer ein übernatürlicher Zuwachs an Gnade.

2 Ob die Natur durch die Gnade aufgehoben oder vervollkommnet wird, wird verschieden beurteilt und ist eine Frage, die nicht jeden befriedigt.

3 Mit Nachlaßsachen befaßte Gerichte glauben nur ungern, daß die Natur durch die Gnade vervollkommnet werde.

3.1 Wessen Natur ständig nachläßt, der geht auch mit seinen Nachlässen nachlässig um.

4 Eine mittlere Unfähigkeit, über Alterserscheinungen bei der Predigt zu trauern, und eine bloß mittlere Fähigkeit, dies zu tun, läuft auf dasselbe hinaus: auf Melancholie.

5 Manche betrachten die Homiletik als melancholische Nachlaßverwalterin der gealterten Predigt.

4.6.3 *Für die homiletische Melancholie gibt es zahlreiche Gründe.*

1 Vor der Predigt stimmt der Anblick der leeren Bänke die Prediger melancholisch: ihre Erwartungen wurden enttäuscht.

1.1 Nach der Predigt stimmt der Anblick der leeren Kanzel manche Zuhörer melancholisch: auch ihre Erwartungen wurden enttäuscht.

2 Der Prediger ist von der Wichtigkeit seiner Predigt durchdrungen; wenn er gepredigt hat, fühlt er sich leer.

2.1 Das fehlende feedback macht die posthomiletische Melancholie zu einer festen Gewohnheit.

3 Auch der hohe Anspruch der Predigt stimmt oft melancholisch; wenn sie ihm nicht nachkommt, trägt sie ihn als Vakuum mit sich herum.

3.1 Jedes Vakuum in der Predigt füllt sich von selber mit Leerformeln auf und wird so noch größer.

4 Wenn eine Predigt mißlingt, sehnt jedermann melancholisch ihr Ende herbei.

5 Die protestantische Predigt steht als nota ecclesiae auf der Höhe der Zeit; sie gleicht dem Fesselballon, der den Frontverlauf anzeigt.

5.1 Manche Predigt geht als Versuchsballon in die Luft und im Niemandsland abgeschlafft wieder zu Boden.

4.6.4 *Viele stellen mit kritischen Fragen die Predigt in Frage und vermehren die homiletische Melancholie.*

1 Vor Zeiten regierte die Predigt Katheder und Kanzeln: der Lehrer fungierte als Kantor und Küster.

1.1 Der Lehrer diktierte den Schülern die Antworten und der Pfarrer fragte sie ab.

2 Seit sich das Schulsystem emanzipierte, stellen die Schüler den Lehrern die Fragen und warten statt auf eine Antwort auf deren Entlarvung.

2.1 Guter Rat ist teuer geworden: Lehrer-, Schüler- und Elternrat halten einander zur Partnerschaft an.

2.2 Aus der Asche der organisierten Geschäftigkeit steigt der Phönix der Kritischen Schule empor.

3 Die Predigt stellt ihre Fragen stets selber und immer nur solche, die sie beantworten kann; wer eigene Fragen stellt, bleibt darauf sitzen.

4 Die Theologie stellt der Predigt seit Jahren historisch-kritische Fragen; die Theologie der Frage fügt diesen empirisch-kritische Fragen hinzu.

4.1 Die Theologie der Frage stellt auch die Frage nach den rhetorischen Fragen der Predigt, ist aber nicht bloß rhetorisch gemeint.

4.2 Die Theologie der Frage kommt mit den Fragen der Frage besser zurecht als mit den Fragen der Theologie.

5 Wenn der Freimut der Predigt im Abnehmen ist, ist die homiletische Schwermut im Kommen.

6 Wer die rhetorischen Fragen der Predigt bedenkt, muß mehr als nur diese bedenken; wenn man sie ausfallen läßt, dann fallen die Antworten umso rhetorischer aus.

6.1 Wer überkommene Antworten nachsagen will, hat viele zur Hand; wer sie zu vermitteln versucht, muß lang danach suchen.

7 Wenn die Predigt nur kritische Fragen aufwirft, werden die Hörer genau so verdrossen wie wenn sie sie ausschliessen will.

7.1 Wenn sie alle Fragen beantworten will, macht die Predigt die Zuhörer ebenso melancholisch wie wenn sie keine beantworten kann.

4.6.5 *Auch die Prediger müssen es lernen, mit Fragen zu leben, bei denen es bleibt.*

1 Als Prediger kann man durch Fragen der Wissenschaften in Schwierigkeiten geraten, bei denen es bleibt.

2 Als Prediger kann man in Fragen des Glaubens mit den Gläubigen Schwierigkeiten bekommen, bei denen es bleibt.

2.1 Das Verständnis des Predigers für die Fragen des Unglaubens stößt bei den Gläubigen manchmal auf wenig Verständnis.

3 Wer mit Schwierigkeiten zu tun hat, bei denen es bleibt, verlangt danach, Prioritäten zu setzen, vor allem beim Haushalt.

3.1 Statt Prioritäten zu setzen, setzt man immer nur Postremitäten beiseite: man läßt weg, was man am leichtesten weglassen kann.

4 Bei manchen Schwierigkeiten der Predigt muß es nicht unbedingt bleiben.

4.1 Manche Schwierigkeiten der Predigt entspringen dem Glauben, dem Glauben, den Gläubigen und sich selbst eine kleine Unfehlbarkeit schuldig zu sein.

5 Der Glaube an ihre Unfehlbarkeit strengt die Kirche mehr an als ihre sonstigen Aporien.

4.6.6 *Einige möchten der homiletischen Melancholie auf liturgischen, andere auf gesellschaftskritischen Wegen entkommen.*

1 Wenn die Predigt in Schwierigkeiten gerät, tritt die Liturgie in die Lücke.

1.1 Die Liturgie ruht ganz in sich selber und vollstreckt sich auch selber.

2 Die Liturgie schließt die Kirchtüren zu und die Rückfragen aus; die Predigt kann ungestört offene Türen einrennen.

2.1 In einer verschlossenen Kirche hat man es warm und fühlt sich geborgen.

2.2 Im Rahmen der Liturgie bleibt die Predigt im Rahmen: man antizipiert eine heilere Welt und vermeidet es, Anstoß zu geben.

2.3 Auf dem Sockel der Liturgie kann die Predigt als Denkmal erscheinen, das über der Zeit steht: so wird sie von Diktatoren besonders geschätzt.

3 Wenn die Predigt enttäuscht, weil alles verbal bleibt, wird meistens nach Aktionen gerufen: sie reißen die Leute erst hin und dann fort und am Ende über sich selber hinaus.

4 Aktionen hängen die Kirchtüren aus und die Rückfragen ab; die Predigt fällt gleich mit der Türe ins Haus.

4.1 In einer offenen Kirche zieht es beträchtlich und in der Zugluft der Zeit gibt es viele Verschnupfte.

4.2 Im Rahmen von Aktionen fällt die Predigt bald ganz aus dem Rahmen: man inszeniert seine heile Welt, um Anstoß mit ihr zu erregen.

5 Solange sie ihren Aktionen vorauseilt, schätzen auch Revolutionäre die Predigt.

5.1 Wer Revolution machen will, muß erst zum Prediger werden; wer Revolution gemacht hat, muß nachher ihr Prediger bleiben.

5.2 Wer Revolution machen will, sagt nicht, was er anschließend machen will: voraussichtlich Revolution.

6 Es gibt Gründe genug, die zu Predigten und zu Aktionen Veranlassung geben; durch beides ändert sich wenig.

6.1 Die Gründe, die zu Predigten und Aktionen führen, fallen meist mit den Gründen zusammen, die auch zur Melancholie führen können.

7 Wenn die Predigt sich in der Kirche verschließt, kann die Melancholie auch durchs Schlüsselloch kriechen.

7.1 Wenn die Predigt die Kirchentür aufstoßen will, um ins Freie zu kommen, kann die Melancholie hinter jedem Busch auf sie warten.

4.6.7 *Die homiletische Melancholie kommt im Hinterfragen der Predigt zur Ruhe, so hofft man.*

1 Hinter der Frage versteckt sich ihr Anlaß; sie wird erst im Hinterfragen zur Frage an sich.

2 Beim Hinterfragen folgt man dem Verdacht, daß sich die Gründe in ihren Hintergründen verstecken: sie sind stets ergiebiger als alle Gründe.

3 Auch die homiletische Melancholie entspringt aus den Hintergründen der Predigt.

4 Die Hinterfragen der Antihomiletik sind Nachfragen nach den verdrängten Vorfragen der Homiletik: sie gelten den Hintergründen der Predigt.

5 Das Hinterfragen der Predigt kann, wie es scheint, auch als Beschäftigungstherapie für die homiletischen Melancholiker dienen.

Über den Nährwert der Predigt

Daß die Antihomiletik ebenso wie die Homiletik von der Predigt ernährt wird, von welcher sie abstammt, wenngleich mit Verspätung, und wie es um ihre Vorteile, ihre Vorurteile und ihre gemeinsame Zukunft im Hause der Predigt bestellt ist.

4.7 *Mancher ist gegen die Predigt, lebt aber dennoch von ihr.*

4.7.1 *Ob die Predigt versagt oder zusagt: sie ernährt ihren Mann.*

1 Daß die Predigt den Prediger nährt, ist eine Wirkung, die sie noch sicher erzielt.

2 Der Nährwert der Predigt macht die Homiletik getrost und die Antihomiletik beherzter; er fristet sogar der Predigt gegen die Predigt das Leben.

3 Die Predigt kommt für die geistliche Unterhaltung der Zuhörer und für die leibliche Unterhaltung der Geistlichen auf.

4.7.2 *Einige sagen in ihrer Predigt das Ende der Welt, andre in dieser das Ende der Predigt voraus.*

1 Viele bemängeln es, daß in der Predigt der Kirche die Endzeit zu kurz kommt.

1.1 Einige Prediger sind vom Endzeitcharakter der Predigt und ihrer endgültigen Wirkung durchdrungen.

2 Manche Prediger sind vom baldigen Ende der Predigt und ihrer vergeblichen Mühe durchdrungen: sie sagen sie tot.

2.1 Totgesagte leben noch lange, sagt man im Volksmund.

4.7.3 *Seit die Predigt die Antihomiletik hervorgebracht hat, fühlt sie sich im eigenen Haus nicht mehr wohl.*

1 Die Antihomiletik ist ein Familienzuwachs der gealterten Predigt geworden, der sie nur mäßig beglückt hat, doch ist ihre Vaterschaft nicht zu bestreiten.

2 Daß die Antihomiletik einem anti-konzeptionellen Mißverständnis der Homiletik entsprang, sollte man lieber nicht denken.

3 Auch rechtmäßige Kinder können sich als recht mäßige Kinder entpuppen.

4 Feindliche Brüder haben stets mit einander zu tun, weil sie andauernd erklären, sie hätten nichts mit einander zu tun.

4.7.4 *Wenn Nachkommen später nachkommen, ist häufig die Freude gedämpft.*

1 Bei großem Kindersegen kommen nicht immer die besten zuletzt; daß sie die letzten sind, ist oft das beste an ihnen.

2 Die unerwarteten Altersnachkommen werden mit Jubel, im anderen Fall mit entschlossener Freude begrüßt.

2.1 Entschlossene Freude, die man auf Dauer stellt, pflegt man kirchensprachlich als Freudigkeit zu bezeichnen.

3 Der Umgang mit Menschen, die dauernd auf Freudigkeit eingestellt sind, ist schwierig, vor allem beim Erben.

3.1 Wer anderen freudig zuvorkommt, kommt seinen Interessen mit Freudigkeit nach.

4 Als Isaak zur Welt kam, brachte er Sara zum Lachen; als er heranwuchs, hatte Ismael nichts mehr zu lachen.

5 Mancher Altersnachkömmling bringt seine Eltern soweit, daß sich ihre fortgeschrittenen Jahre in ihre fortschrittlichsten Jahre verwandeln.

5.1 Was ein Nesthäkchen werden will, krümmt sich beizeiten im eigenen Nest.

4.7.5. *Im Schwäbischen wird der verspätete Altersnachkömmling „Schärrlaible“ genannt.*

1 Das "Schärrlaible" ist fast nur noch im schwäbischen Pfarrhaus zu Hause.

2 Wo der einzige Reichtum im Kinderreichtum besteht, nützt man seine Chancen optimal aus.

3 Man geht nicht fehl, wenn man beim "Schärrlaible" an die zusammengescharrten Reste in der Teigschüssel denkt.

3.1 Beim Springerlesbacken ist das letzte Springerle das, was der Teigrest gerade noch hergibt, und leicht zu erkennen.

4 Das "Laible" ist Diminutivum des Brotlaibs; man ginge weit fehl, dabei an ein Brötchen zu denken.

4.7.6 *Altersnachkömmlinge müssen oft viel kompensieren.*

1 Mit dem Nachkömmling kommen die Eltern pekuniär leichter zurecht als pädagogisch.

2 Oft erschweren die Eltern die Sozialisationsprozesse der Jüngsten, indem sie sie andauernd zu erleichtern versuchen.

3 Die Jüngsten bleiben nicht dauernd die Jüngsten: man nimmt sie fast immer nicht früh genug ernst.

4 Aus einem Nachkömmling, der unterdrückt wird, kann ein Emporkömmling werden.

5 Die Antihomiletik ist dadurch emporgekommen, daß man sie allzulang unterdrückt hat.

6 Wer die Predigt mit antihomiletischen Augen betrachtet, will ihr nicht den Prozeß, sondern aus ihr einen Lernprozeß machen.

7 Wer Lernprozesse hervorrufen will, kann unversehens zu einem Lehrprozeß kommen.

7.1 Lehrprozesse können auch Unterhaltsfragen berühren, doch pflegen sie nicht unterhaltsam zu sein; sie lösen meist keinen Lernprozeß aus.

4.7.7 *Wo man auf Vorurteilen beharrt, hängt der Haussegen schief.*

1 Die Homiletik sieht über die Schattenseiten der Predigt hinweg, die Antihomiletik betrachtet nur diese.

2 Das Vorurteil ist ein Urteil, das seine Gläubigen aus dem Verkehr zieht.

2.1 Als das Vorurteil auf ein Vorurteil traf, gab es ihm zu verstehen, daß es ein Vorurteil wäre.

3 Ein Vorurteil ist ein Einverständnis, für das man fast kein Verständnis benötigt; es kann seine Anhänger dauerhaft immunisieren.

3.1 Die Vorurteile lassen den Streit des Glaubens zum Stellungskrieg werden; sie sind das einzige, was man in diesem pfleglich behandelt.

3.2 Im Stellungskrieg kommt fast alles zum Stehen; nur die Verlustlisten laufen noch weiter.

4 Das Selbstbewußtsein ist oft das Gefängnis, in dem man die eigenen Vorurteile verwahrt.

5 Das Vorurteil macht den Partner zum Kontrahenten, mittlere Feststellungen suchen aus Kontrahenten Partner zu machen.

6 Mittlere Feststellungen wollen die Vorurteile weder bezichtigen noch beschwichtigen; sie geben sie zur Besichtigung frei und hoffen, daß sie sich berichtigen lassen.

6.1 Mittlere Feststellungen stellen vorläufige Meinungen fest und hoffen, daß ihnen bessere folgen.

7 Die Homiletik sollte die Antihomiletik als Juniorpartner ins Geschäft übernehmen: die Predigt kann auch ihre Kritiker nähren.

7.1 Wer andre nicht übernehmen will, übernimmt in der Regel sich selber.

Von der homiletischen Praxis

Daß es um das Ansehen der homiletischen Praxis und um das Aufsehen, das die Antihomiletik erregt, verschieden bestellt ist, man ihr Verhältnis jedoch nach biblischen Analogien verdeutlichen kann. Daß man auf eine antihomiletische Praxis einstweilen noch wartet, aber die homiletische manchmal als eine solche erlebt. Daß beiden das Rühmen nichts nützt, wenn sie ihre Zeiten verpassen, und daß sie dank der Vorsehung Gottes und wegen der mangelnden Umsicht der Leute einander noch brauchen.

5 *Die homiletische Praxis besteht aus der Predigt und auf dem Wunsch, daß es bei ihr verbleibt.*

5.1 *Die Antihomiletik besteht aus dem Widerspruch gegen die homiletische Praxis und auf dem Wunsch, sie zu ändern.*

5.1.1 *Das Ansehen, das die Predigt genießt, ist beträchtlicher als das Aufsehen, das sie erregt.*

1 Die Prediger werden stärker beachtet als ihre Predigt; auch wenn diese von allem Notiz nimmt, tun die Leute nur selten dergleichen.

2 Den gestirnten Himmel über sich, ihre Lehrsätze in sich und das Pfarramt im Rücken, so fristet die Predigt ein stilles, geruhiges Leben.

3 Wenn die Predigt im Rahmen bleibt, fällt der Prediger nicht mit ihr auf und wird seines Lebens in aller Ehrbarkeit froh.

3.1 Auch eine kritische Einstellung kann für den Prediger jahrelang unschädlich bleiben, wenn er es bei der üblichen Praxis beläßt.

5.1.2 *Das Aufsehen, das der Widerspruch gegen die Predigt erregt, ist beträchtlicher als das Ansehen, das man mit ihm gewinnt.*

1 Von der Predigt nimmt die Behörde nur selten, vom Widerspruch gegen sie nimmt sie alsbald Notiz.

2 Statistiken über sich, kritische Fragen im Kopf und die Gemeinde vor Augen, so fristet der Widerspruch gegen die Predigt ein lautes, aufregendes Leben.

3 Wenn die Praxis des Predigers stark aus dem Rahmen fällt, fällt dieser auf und wird seines Lebens trotz aller Ehrbarkeit nicht mehr froh.

3.1 Die kirchenbehördliche Hermeneutik nimmt die antihomiletischen Funksprüche still zu den Akten: sie versteht ihre Prediger besser, als diese sich selber verstehen.

4 Wenn die Predigt den Prediger und der Widerspruch gegen sie seine Hörer verdrießt, geht der Prediger lieber auf Tauchstation und holt nur noch in der Dämmerung Luft.

5.1.3 *Der Widerspruch gegen die Predigt hat Theorien, aber noch keine neue Praxis entwickelt.*

1 Auch Theorien, die keine Praxis hervorbringen wollen, pflegen praktisch zu werden: als deren Kritik.

2 Eine Praxis, die theorielos verbleibt, muß nicht unfruchtbar sein; wenn sie nur noch Theorien erzeugt, ist sie völlig steril.

3 Man kann die homiletische Praxis verschieden erleben: sie hat zu den homiletischen und den antihomiletischen Theorien geführt.

4 Wie sich die Antihomiletik zur homiletischen Praxis verhält, läßt sich durch biblische Analogien und Allegorien erklären.

5 Wo man Höheres nach etwas Niederem deutet, verfällt man der analogia entis sowie dem Verdacht, katholisch zu werden.

5.1 Wo man Niederes nach etwas Höherem deutet, schlägt die analogia fidei durch und das Protestantenherz höher.

6 Mit Allegorien kann man auch einem unbedeutenden Text eine Bedeutung verleihen, die feststeht, auch wenn sie nicht dasteht.

6.1 Wenn Allegorien biblische Analogien gebrauchen, machen sie einen rechtgläubigen Eindruck.

6.2 Der Kirchen- und Ketzervater Origenes wurde dies beides, weil er zuviel Verständnis für Allegorien besaß.

7 Wie sich's mit der homiletischen Praxis und mit der Antihomiletik verhält, hat Lukas im Bild der beiden bethanischen Schwestern präfiguriert.

5.1.4 *Die Predigt trägt mariologische Züge.*

1 Wo gepredigt wird, sitzt man dem Meister zu Füßen und ist auf das eine, das not ist, bedacht.

2 Solange gepredigt wird, zieht man sich vom tätigen Leben zurück und ein kontemplatives Verhalten weit vor.

2.1 Wo gepredigt wird, läßt man geschehen, was zu einem gesagt ward, und es meistens auch dabei bewenden.

3 Die Predigt betrachtet die Bibel und die Bekenntnisschriften, den Katechismus und das Gesangbuch und damit sich selbst als gelungen.

4 Wenn die Predigt biblische Bücher betrachtet, kann sie Schwierigkeiten mit der historisch-kritischen Forschung bekommen.

4.1 Szenen bei Lukas können in frühkatholischem Licht, Bekenntnissätze als schwierig vollziehbar und Gesangbuchverse als nicht mehr recht singbar erscheinen.

5 Das gute Teil, das Maria erwählte, kommt oft bloß noch, so scheint es, als Altenteil vor.

5.1.5 *Der Widerspruch gegen die homiletische Praxis trägt marthologische Züge.*

1 Wenn die einen der Rede zuhören, eilen andre vom Keller zur Küche und sind auf das viele bedacht, das nach wie vor nötig erscheint.

2 Wer die Predigt nicht hört, hält vom beschaulichen Leben zu wenig und von seinen eigenen Tätigkeiten zuviel.

2.1 Auch wer nicht zuhören mag, muß zu hören bekommen, wo er mit angreifen soll.

3 Wo man nichts angreift, da ändert sich nichts; wo man alles auf einmal angreifen will, bleibt alles beim alten.

4 Bei antihomiletischen Aktionen kann man Schwierigkeiten mit politischen oder mit kritischen Theorien bekommen:

4.1 Die Diakonie erscheint manchen bloß als Beschwichtigung der Beherrschten, als Verwaltung der Nöte und als Verschwendung der Liebe.

5 Die Sorgen und Mühen der tätigen Schwester drohen zur Hydra zu werden: für jeden, der satt wird, wachsen drei Hungrige nach.

5.1.6 *Die Predigt sucht nach dem Wort für die Zeit.*

1 Jede Predigt hat ihre Stunde und sucht das Wort für diese zu finden.

2 Was die Predigt nicht rechtzeitig sagt, kann sie ungesagt lassen.

3 Wer das Wort für die Zeit finden will, der braucht Zeit für das Wort.

3.1 Die zeitlose Predigt ist nie an der Zeit.

4 Wer nach dem Neuesten greift, um nichts zu versäumen, verbrennt sich die Zunge mit modischen Schnellgargerichten.

4.1 Wer über der Zeit stehen will, um nichts zu riskieren, versorgt seine Hörer mit Schonkost aus alten Konserven.

5 Manche Predigt sucht statt auf die Höhe der Zeit auf die Höhe des Predigtbegriffs zu gelangen: je dünner die Luft, desto heller die Sterne.

5.1 Auf der Höhe des Predigtbegriffs geht es für die Predigt immer ums Letzte; sie sucht deshalb immer die erste zu bleiben.

6 Auf der Höhe der Zeit hat es die Predigt auch mit den vorletzten Dingen zu tun; wenn die Letzten die Ersten und die Ersten die Letzten sein werden, fragt man sich, wo die Vorletzten bleiben.

6.1 Als Wort für die Zeit gehört auch die Predigt zur Praxis des Glaubens.

7 Wo die Begriffe regieren, da schießen die Substantive ins Kraut; mit den Zeitwörtern fängt man die Zeit.

7.1 Wenn die Predigt die Stunde erfaßt, können die Zuhörer ihren Hunger vergessen.

7.2 Wenn die Predigt die Stunde erfaßt, müssen die Hörer der Hungernden eingedenk bleiben.

5.1.7 *Die Zeit der Armen ist immer.*

1 Das eine, das not ist, schließt andres, das Not macht, nicht aus, sondern ein: auf die Nöte muß niemand warten.

1.1 Wenn jemand fürs Abendbrot sorgt, ist es leichter, die Predigt zu hören.

2 Mancher verliert den Geschmack an der Predigt, wenn ihr die Zutaten fehlen; wenn das Wort in die Zeit kommt, dann kommt es zu Taten.

2.1 Von bloßen Zutaten kann der Glaube nicht leben: er verliert sich sonst ganz in den Nöten.

3 Die Predigt gelangt oft erst in den Niederungen der Not ganz auf die Höhe der Zeit: je dicker die Luft, desto leiser die Worte.

3.1 Wo man die Zeit der Armen erfaßt, wird der Glaube zur Theorie der Liebe und die Liebe zur Praxis der Hoffnung: die "Marthologie" ist um gute Werke bemüht.

4 Einige Theologen haben die Marthologie zu den Hamartiologien gerechnet und scharfsinnig dargelegt, daß gute Werke zur Seligkeit schädlich sein könnten.

4.1 Man kann ebenso scharf wie sinnig bemerken, nichts führe so sicher zur Seligkeit wie die Sünde.

4.2 Wenn die Theologie zuviel Scharfsinn besorgt, wird man um sie besorgt: Paradoxien bleiben nicht lange ergötzlich.

5 Gute Wünsche kommen selten zu spät, gute Werke recht häufig: die Not braucht Menschen, die rechtzeitig reden und helfen.

6 Der Hunger läßt keine Alternativen mehr gelten: im Brot und im Wort für die Welt läuft das Wohl und das Heil mit dem Tod um die Wette.

7 Durch die Vorsehung Gottes bleiben die Täter den Betern als Pfahl im Fleische verordnet.

7.1 Wegen der fehlenden Umsicht der Leute dienen die Beter den Tätern als Stachel im Geist.

Von der Praxiserfahrung und der großen Vorliebe für die Statistik

Von der hohen Meinung, die jedermann von der Statistik hat und daß der Glaube an sie nicht bloß Berge versetzt, sondern auch Praxiserfahrung ersetzt. Daß der Dienst der Statistik zu ihrer Herrschaft und diese zur Diktatur werden kann, warum man der Theorien bedarf, um sie richtig zu lesen und daß über die Mächte der Zahl und des Zahlens und die Menschen des Worts und des Wartens zu wenig nachgedacht wird.

5.2 *Praxiserfahrung dünkt jedermann löblich.*

5.2.1 *Zur Praxiserfahrung gehört die Erfahrung, daß man mit ihr allein in der Praxis nicht durchkommt.*

1 Gewohnheiten und Erfahrungen werden häufig verwechselt.

1.1 An eine alte Gewohnheit gewöhnt man sich leichter als an eine neue Erfahrung.

2 Oft hält man die Summe seiner gewöhnlichen Lieblingsfehler für seine Erfahrung.

3 Je besser man eine gewohnte Praxis durchschaut, desto größer wird das Verlangen nach Theorien.

3.1 Die Praxiserfahrung allein bringt die Praxis nicht weiter: wer meint, er beherrsche sie, wird von ihr beherrscht.

5.2.2 *Wer mit der Praxiserfahrung Erfahrungen macht, erfährt, daß er stets der Statistik bedarf.*

1 Wer über seine Erfahrungen nachdenkt, findet vieles bedenklich.

1.1 Erfahrungen zählen erst, wenn sie gezählt sind und in der Statistik erscheinen: sie machen dann auch auf andere Eindruck.

2 Erfahrungen, die in der Statistik erscheinen, verschwinden darin und werden durch diese ersetzt.

3 Die Statistik gibt Kenntnisse, aber keine Erfahrungen weiter.

4 Allein die Statistik kann unsre Erfahrungen vor uns selber und uns vor unsren Erfahrungen retten.

5 Die Statistik ist zum Heiligen Buch der Erfahrung und zur Offenbarungsurkunde des Fortschritts geworden.

5.2.3 *Der Anfang der Weisheit ist der statistische Nachweis.*

1 Die Statistik ist eine feine, entwaffnende Klugheit: ihr sachlicher Eindruck macht einen unwidersprechlichen Eindruck.

2 Wer eine neue Statistik heranziehen kann, hat die Debatte zur Hälfte gewonnen, sofern die Gegenseite noch keine Gegenstatistik zur Hand hat.

3 Statistiken werden meist unter Termindruck, aber sonst ohne Schmerzen erstellt; Erfahrungen kommen oft nur unter Schmerzen zustande.

4 Wo die Weisheit mit der Statistik beginnt, ist sie meist auch mit dieser zu Ende; was nicht in ihr erscheint, ist nicht auf der Welt - der Atommüll, zum Beispiel.

5.2.4 *Die Statistik ist listenreich und macht einen furchtlosen Eindruck.*

1 Statistiker schrecken vor keiner Frage zurück.

2 Für jeden Bedarf läßt sich eine Statistik erstellen, die nachweist, wie sehr man seiner bedarf.

3 Die Statistik ist reich an Daten und Zahlen und brauchbar für viele, wenn auch nicht für jeden ergiebig.

3.1 Auch die Statistik kann man wie jeden, der reich ist, erpressen.

4 Die Statistik ist nicht so wertneutral, wie sie aussieht: sie zaubert die Selbstauslegung der Praxis mit aus dem Hut.

4.1 Statistische Zahlen sprechen für sich, ihre Listen für den, der sie angelegt hat.

5 Statistische Listen muß man wie Wertpapiere behandeln: sie können die Argumente ersetzen.

5.1 Mit statistischen Listen kann man nicht bloß informieren, sondern expressiv kommunizieren: um etwas durchzusetzen, muß man Zahlenwerte einsetzen.

6 Die Statistik versteht es, aus Impressionen Pressionen zu machen; die Depressionen folgen dann später.

7 Eine gute Statistik enthält nicht bloß Daten und Werte, sondern verteuert sie auch: sie ist nirgends billig zu haben.

5.2.5 *Die Statistik versucht auch den Zufall zu überlisten.*

1 Man kann nur erfahrener werden, indem man Erfahrungen macht.

2 Erfahrungen zählen zum nötigsten und fallen doch zufällig an.

3 Die Statistik versucht, den Zufall zu quantifizieren und die Erfahrungen allgemeiner zu machen.

3.1 Mit dem Zufall geht häufig auch die Erfahrung verloren.

4 Es scheint die List der Erfahrung zu sein, daß man sie auflisten und überlisten und dennoch nicht einfangen kann.

5.2.6 *Wo die Statistik zu herrschen beginnt, da beginnt ihre Diktatur.*

1 Die Diktatur ist die Herrschaft von Statistikern über Statisten.

1.1 Durch seine Statistik kann jeder Diktator eine saubere Weste behalten.

1.2 Wenn der Diktator fällt, fällt auch seine Statistik dahin und die Gegenstatistik über ihn her.

2 Die Statistik ist das Spinnennetz aller Schreibtischtäter geworden.

2.1 Auf dem Schreibtisch macht auch die Endlösung nur einen statistischen Eindruck.

3 Das Leben spielt sich im Übergang ab; Übergänge sind von der Statistik nur schwer zu erfassen.

4 Das Ungefähre erscheint nicht in Listen und gilt in den Diktaturen deshalb als besonders gefährlich.

4.1 Wenn es untergetaucht ist, wird das gefährliche Ungefähre erfaßbar: auf schwarzen Listen.

5.2.7 *Theorien ohne Statistik sind leer, Statistiken ohne Theorien sind blind.*

1 Ohne Statistik bleibt jede Theorie eine bloße Behauptung, ohne die Theorien bleiben statistische Angaben bloße Angeberei.

2 Die Theorie kommt der Statistik zuvor: sie stellt vorher schon fest, was sie feststellen soll, und auch gleich heraus, wie nachher darüber gedacht werden soll.

2.1 Theorien sind Lesehilfen für die Statistik: sie stärken die Sehkraft und ändern die Sicht.

2.2 Theorien sind überall von Interessen geleitet, die nicht die Wahrheit, aber die Wahrnehmung ändern.

3 Theorien lassen sich selten durch eine Statistik verändern, Statistiken machen oft unter dem Eindruck von Theorien einen anderen Eindruck.

4 Statistisch sind sieben Kühe stets sieben Kühe, theoretisch kommt man mit sieben fetten und sieben mageren oder mit sieben heiligen Kühen auf eine verschiedene Praxis hinaus.

4.1 Die sieben Kühe in Pharaos Träumen blieben ihm stumm, bis die Theorie des gefangenen Josef die Statistik zum Reden, den König zum Handeln und jedermann Vorteile brachte.

5 Neben dem hermeneutischen scheint es auch einen statistischen Zirkel zu geben: man liest die Statistiken an der Wirklichkeit und die Wirklichkeit an den Statistiken ab.

6 Zahlen, Taten und Worte werden vom Winde verweht und fallen dem Zufall anheim, solange die Theorie sie nicht festhält.

6.1 Ohne die Theorie fällt jede Statistik der Willkür zum Opfer: sie bringt jedem etwas, allen zuviel und keinem das Wahre.

7 Von Altbischof Otto Dibelius stammt der Scherz, er glaube an keine Statistik mehr, es sei denn, er habe sie selber gefälscht.

7.1 Auch Bischöfe können erleuchtet sein: die Theoriebedürftigkeit der Statistik kommt im Scherz des Bischofs auf den bündigsten Ausdruck.

5.2.8 *In der Statistik erwartet man Zahlen, die sprechen, in der Predigt erwartet man Worte, die zählen.*

1 Die Statistik wirkt häufig geschwätzig: sie steckt voller Zahlen und alle wünschen, zu sprechen.

2 Statistische Zahlenreihen machen Erfahrungswerte verwertbar, doch sprechen sie keine Erfahrungen aus: die Betroffenheit bleibt der Statistik entzogen.

2.1 Worte, die aus der Betroffenheit kommen, sind nur selten geschwätzig: sie teilen den Mitbetroffenen ihre Erfahrungen mit.

3 Die Statistik begnügt sich mit Listen und wem diese peinlich sind, den überläßt sie der Pein.

3.1 Auch Goethe fand es beklagenswert, daß himmlische Mächte die Armen erst schuldig werden und dann ihrer Pein anheimfallen ließen.

3.2 Nach biblischer Sicht werden himmlische Mächte, die nur noch zählen und heimzahlen wollen, als höllische Realitäten betrachtet.

4 Erfahrungen soll man nicht zählen, sondern erzählen.

4.1 Was man zählen kann, muß man bezahlen; was nur erzählt werden kann, muß man erwarten.

5 Die Theologie ist narrativer geworden: sie erzählt jetzt alles, was zählt.

6 Wer nach jedem Gerücht greift, das heiß auf dem Herd dampft, wartet nicht mehr auf Worte, die zählen.

6.1 Der hungrige Esau zog das Linsengericht, auf das er schon zählen konnte, einem Segenswort vor, auf das er noch warten mußte.

7 Der Segen des Wortes läßt auf sich warten: die Predigt lebt von der Erfahrung, daß ein Geduldiger besser ist als ein Starker.

5.2.9 *Wenn Zahlen nicht sprechen und Worte nicht zählen, sind beide nichts nütze.*

1 Computer werden statistisch gefüttert und ziehen Statistiker groß.

1.1 Statistiker träumen nicht mehr: sie erstellen Programme und rechnen sie aus.

2 Die Mythen der Alten erwuchsen dem Traum einer offenen Zukunft und weckten viele Erwartungen auf.

2.1 Ein Wort, das nichts weckt, ist wie eine Zahl, die nicht spricht und mit der man bloß rechnet.

3 Wenn der Glaube vom Wort spricht, meint er kein Spiel mit Begriffen und keine Wahrheit in Sätzen, die niemand ergreift: viel Wissen und wenig Gewissen.

4 Wenn der Glaube nennt, was er erwartet, benennt er die Liebe, die sich als Person und im Wort für sich selber verbürgt.

4.1 Ein Wort, das die Liebe weckt, läßt vieles erwarten; wer mit ihr rechnet, rechnet nichts ab oder aus, sondern läßt die Unendlichkeit ein.

5 Finitum infiniti capax: der Kapazität des Endlichen für das Unendliche kommt die Statistik nicht nach.

Über die Praxisreife

Daß man durch den Studiengang, das Homiletische Seminar und das Examen zur Praxisreife und in dieser zuweilen zu einer reiferen Praxis gelangt. Daß die Kanzel auch ferner als Prüfstand der Praxisreife erscheint und die Predigt nicht ausfallen darf, wohl aber oft ausgefallen erscheint oder selbst ausfallend wird, auch wenn sie's nicht sollte. Daß die Predigt planmäßig stattfinden muß und immerdar eine Institution sei, noch sei und dies auch bleibe.

5.3 *Mit Praxisreife meint man die Reife, durch die man zur Praxis, aber nicht die, zu der man durch Praxis gelangt.*

5.3.1 *Der Studiengang führt der Praxisreife entgegen.*

1 Für manche verläuft der Studiengang so, daß sie sich in ihm verlaufen.

2 Die Aufgaben eines Studiengangs können zu seiner Aufgabe oder zu einem Studienwechsel Veranlassung geben.

2.1 Der Studienwechsel ist mit dem Monatswechsel nicht zu verwechseln und in diesem nicht immer mit inbegriffen.

3 Manche möchten den Praxisbezug in den Studiengängen vermehren; ob sich die Praxisreife dadurch vermehrt, weiß man noch nicht.

3.1 Wenn junger Wein reifen soll, muß er erst gären; ein schlechter Gärungsverlauf kommt die Küfer, ein guter die Käufer teuer zu stehen.

5.3.2 *Im Examen wird festgestellt, ob die Praxisreife sich eingestellt hat.*

1 Um zur Praxisreife zu kommen, muß man sich auf das Examen und nicht auf die Praxisreife einstellen.

2 Im Examenszeugnis kann man den Schein für die Praxisreife erkennen und auch, wie gut dieser ausfiel.

3 Wenn die Praxisreife festgestellt ist, wird man vorläufig eingestellt und später fest angestellt.

4 Bei der Einstellung in der Praxis spielt die Einstellung zu ihr nur dann eine Rolle, wenn sich feststellen läßt, daß sie früher einmal radikal war.

5 Was einer vor sich hat, wenn er den Studiengang hinter sich hat, hat Goethes Nachruf für Schiller beschrieben: "und hinter jenem wesenlosen Scheine liegt, die sie alle bändigt, die Gemeine".

5.3.3 *Die Prüfungsordnungen motivieren dazu, mehr Praxisreife durch einen Predigtschein zu erwerben.*

1 Im Homiletischen Seminar setzen die einen sich wegen der Predigt zusammen, die andern mit ihr auseinander; wer keine Meinung hat, koaliert mit der Mehrheit.

2 Der Schein für die Predigt führt zur Vorlage einer solchen und manchen Affektstau herbei.

2.1 Man kann durch den Zustand der eigenen Predigt in Zeitnot und durch den Zustand der Zeit in Predigtnot kommen.

3 Das Homiletische Seminar ist zum Nadelöhr für die Praxisreife geworden: Scheinreichtümer gehen dort sang- und klanglos zu Boden.

3.1 Bei der ersten Predigt wird der Studiengang schmäler: man muß selber sagen, was man bisher nur nachgesagt hat.

3.2 Ein Kamel kommt leichter durchs Nadelöhr als ein Theologe, der viele Probleme besitzt, zu seiner Predigt.

3.3 Bei der ersten und jeder späteren Predigt scheint kein Ding unmöglich zu sein.

4 Wenn der Scheinzweck deutlich zum Vorschein kommt, kann der Predigtschein zu einer Scheinpredigt führen.

5 Auch Scheinnoten können echte Nöte bereiten: der Predigtschein wird benotet benötigt.

5.3.4 *Die Prüfungsordnungen sorgen dafür, daß man den schmalen Weg, der zur Praxis führt, findet.*

1 Der Prüfungsdruck setzt die Curricula außer Kraft und den Leistungsdruck wieder in Geltung.

2 Die Prüfenden stehen über dem Leistungsdruck: meist wissen sie vorher, was sie die Prüflinge fragen.

2.1 Die Prüflinge stehen unter dem Leistungsdruck: sie können jetzt manches zum ersten Mal hören.

3 Den Schwerpunkt der Prüfung wählt jeder am liebsten nach dem Gesichtspunkt der Leichtigkeit aus.

4 Das Prüfungsglück bleibt unwandelbar launisch: einigen von den Seinigen gibt es im Schlafe zum Scheine das seine.

5.3.5 *Für die Praxisreife ist eine Examenspredigt von nöten.*

1 Ein besondrer Bestandteil der zu bestehenden Prüfung besteht darin, daß man auch die Examenspredigt besteht.

2 Die Examenspredigt ist eine Predigt, bei der alles so tut, als wäre sie eine.

3 Während die Predigt den Glauben bezeugen soll, soll die Examenspredigt bezeugen, wie gut einer predigt.

3.1 Ob eine schlechte Predigt des richtigen oder die gute eines bedenklichen Glaubens das bessere Zeugnis verdient, ist schwer zu entscheiden.

3.2 In seiner Predigt erscheint der Prediger immer als Zeuge des Glaubens, in der Examenspredigt tritt er als Angeklagter in die Erscheinung.

3.3 Als Prediger legt man sein Zeugnis beim Predigen ab, als Examensprediger legt man sein Zeugnis ab, wenn die Prüfung vorbei ist.

4 Auch wer im Examen der Praxisreife ermangelt, kommt nachher bei pastoralen Geschäften zu einer reiferen Praxis.

5 Die pastoralen Geschäfte geben der Praxisreife des Predigers und seinem Eigensinn gleich große Chancen.

5.1 Die pastoralen Geschäfte bringen dem Prediger die Bedeutung des Amtes und seiner Person zum Bewußtsein und lassen ihn einstige Prüfungsmängel vergessen.

5.2 Die pastoralen Geschäfte überlassen der Einsicht des Predigers und der Nachsicht der Hörer, was ihm an Einsicht noch mangelt.

5.3.6 *Die Predigt gibt nach dem Examen dem Prediger weiteren Anlaß, zur Praxisreife zu kommen.*

1 Die Predigt ist zu den beständigsten Praxisbeständen der Kirche zu rechnen: sie wird dort als Institution und zugleich als Ereignis betrachtet.

2 Eine Institution stellt alle Motive auf Dauer und die Frage nach ihnen dauerhaft ab: "Tue ich's ungern, so ist mir das Amt doch befohlen", erklärte schon Paulus (2. Kor. 8, 17).

2.1 Wenn sich sonst nichts in der Predigt ereignet, ereignet die Predigt sich immerhin selber.

3 Eine Institution wird vor allem daran erkannt, daß sie nicht ausfallen darf.

3.1 Die Predigt muß ebenso sicher sein wie das Amen in einer Kirche.

3.2 Erst wenn ihre letzten Hörer ausfallen, darf eine Predigt ausfallen; wenn der Prediger ausfällt, besorgt man ihm eine Vertretung.

4 Auch wenn die Predigt nicht ausfallen darf, kann es zu ausgefallenen Predigten kommen.

4.1 Nicht jede ausgefallene Predigt ist originell; oft wäre es besser, sie fiele ganz aus.

5 Wenn die Predigt nicht ausfallen darf, können die Prediger ausfallend werden; wie weit sich darin ihre Praxisreife bewährt, ist umstritten.

5.1 Wenn die Prediger ausfallend werden, können die Hörer nur wenig dafür und haben am meisten darunter zu leiden.

5.2 Die Prediger können die eigenen Aggressionen auf der Kanzel in Ruhe loswerden, bei den Zuhörern kommt es erst später dazu.

6 Wenn der Prediger ausfallend wurde, fallen beim nächsten Mal einige Zuhörer aus.

6.1 Wenn verärgerte Hörer ausfallen, läßt mancher Prediger seinen Ärger an den erschienenen Zuhörern aus.

7 Die Kanzel scheint immer ein Prüfstand der Praxisreife zu bleiben: jede Predigt bringt diese aufs neue ans Licht.

5.3.7 *Der Predigtplan sorgt dafür, daß jeder Prediger planmäßig predigt.*

1 Die Prediger predigen selten spontan und fast immer nach Plan: die Predigten finden zwangsläufig statt.

1.1 Wenn eine Predigt ganz ungezwungen erscheint, ist der Prediger ein Genie oder wahrscheinlich unvorbereitet gewesen.

2 Der Predigtplan dient zum Wohle der Prediger: er läßt sie wissen, wie oft sie predigen müssen.

2.1 Der Predigtplan dient auch zur Wahl der Hörer: er läßt sie wählen, wem sie zuhören wollen.

3 Wo es nur einen Prediger gibt, ist kein Predigtplan nötig: oft hat man dann statt der Wahl bloß die Qual.

4 Der Predigtplan kann nicht bewirken, daß der Prediger planvoller predigt, sondern nur, daß er es planmäßig tut.

5 Durch den Predigtplan wird die Praxisreife zur Praxisgewohnheit ermäßigt und der Leistungsdruck durch den Zeitdruck ersetzt.

5.1 Am Sonntagmorgen ist der Zeitdruck am größten und der Mesner für pünktliches Glockengeläute besorgt.

5.2 Wenn es geläutet hat, muß es auch predigen.

Über gebräuchliche Theorien der Predigt

Hier wird von dogmatischen, kerygmatischen und homiletischen Theorien gehandelt, worin sie sich unterscheiden und was sie bewirken, besonders was das Besondre der Predigt und das Proprium vieler Debatten betrifft; auch wird festgestellt, daß man die Wirkung der Theorien an den Predigern und ihren Hörern meist mühelos, im Kasualfall jedoch nur mit Mühe erkennt.

5.4 *Die Theologie hat verschiedene Theorien der Predigt entwickelt.*

5.4.1 *Außer dogmatischen und homiletischen Theorien gibt es auch solche, die beides vermengen.*

1 Dogmatische Theorien proklamieren das Wesen der Predigt: sie heben auf ihre Aussagen ab und ihren Lehrgehalt an.

2 Homiletische Theorien programmieren das Werden der Predigt: sie machen durch passende Angaben passende Ansprachen möglich.

3 Theorien vermischten Charakters profilieren den Anspruch der Predigt: sie richten sie ganz auf das Kerygma aus.

3.1 Wem der Anspruch der Predigt das wichtigste ist, der nimmt ihre An- oder Aussprache weniger wichtig.

5.4.2 *Daß sich die Prediger selber verschieden verhalten, läßt sich mit ihren verschiedenen Theorien erklären.*

1 Dogmatische Theorien verleihen dem Prediger Flügel: aus der höheren Warte der Predigt erscheint ihm das Große ganz groß und das Kleine noch kleiner.

1.1 Den Hörern fällt es nicht leicht, aber zu, dem Höhenflug reiner Lehre zu folgen.

2 Kerygmatische Theorien verschaffen dem Prediger Stelzen: im Sprachrohr der Predigt erschallt das Kerygma senkrecht von oben.

2.1 Wenn dem Hörer das Kerygma auf den Kopf zugesagt wird, läßt er ihn sinken.

3 Homiletische Theorien besorgen dem Prediger Wandersandalen: an seiner Predigt fällt auf, daß sie unauffällig daherkommt.

3.1 Wenn der Prediger weiß, wie es zugeht, und auf etwas eingeht, das alle angeht, gehen die Zuhörer mit.

4 Vom Urheber christlicher Predigt wird erzählt, daß er Sandalen trug, unauffällig daherkam und die Theorie seiner Predigt verhüllte.

5.4.3 *Verschiedene Theorien der Predigt befassen sich mit den Besonderheiten der Predigt.*

1 Es ist nichts Besonderes, wenn Theologen statt von den Besonderheiten der Predigt von ihrem Proprium sprechen.

1.1 Wer etwas Besonderes und seine eigene Bildung ausdrücken will, sagt es lateinisch.

2 Wenn es gilt, ihre Besonderheiten zu wahren, denken die Theologen zuerst an das Proprium und die Juristen zuerst an die Proprietäten der Kirche.

3 Wo das christliche Proprium sich zurückhält, kann es die Wirkung, und wo es mithält, die Reinheit verlieren.

4 Das Christliche ist wie das Menschliche jetzt in die Jahre gekommen, in denen man sich nur noch ungern zur Trennung entschließt.

4.1 Daß Alexander der Große den Gordischen Knoten mit einem Schwertstreich zertrennt hat, hat schwerlich allein seine Größe begründet.

5.4.4 *Die Propriumsdebatte ist zum Proprium vieler Debatten geworden.*

1 Debatten ums Proprium laufen sich heiß: je heftiger man darum streitet, desto rascher geht es verloren.

2 Das natürlichste Proprium einer Predigt wird am schnellsten vergessen: daß sie verständlich sein soll.

3 Viele halten es für das Proprium einer Predigt, daß man das meiste in ihr nicht versteht und sie ungern gehört wird.

5.4.5 *Die Theorien der Predigt bringen ihre Proprium auf verschiedene Weise zum Ausdruck.*

1 Dogmatische Theorien lassen den Lehrgehalt einer Predigt umfänglicher, kerygmatische ihre Sprache umständlicher und homiletische ihre Gedanken umgänglicher werden.

2 Nicht jede Homilie ist eine umgängliche Predigt: oft geht sie bloß mit dem Text freundlich um und in diesem von Vers zu Vers weiter.

3 Die Sprache der Bibel ist wie die des Volksmunds oft umgänglicher als die Sprache der Predigt.

3.1 "Der Wein erfreut des Menschen Herz", sagt die Bibel; "aus dem Wein geht die Wahrheit hervor", sagt der Volksmund und jeder versteht es.

3.2 Aus ziemlich viel Wein geht die Wahrheit gleich doppelt hervor, und eine doppelte Wahrheit ist weniger als eine halbe.

4 Mit der Metapher vom Weinbau könnten die Theorien der Predigt ihr Proprium vielen verständlicher machen.

4.1 Dogmatische Theorien bevorzugen ältere Sorten, kerygmatische höhere Prädikate und homiletische einen offenen Ausschank der Predigt.

5.4.6 *Der Abglanz der Theorien der Predigt wird auch ihren Hörern zuteil.*

1 Dogmatische Theorien bringen gefestigte Hörer hervor.

1.1 Nach einer dogmatischen Predigt fühlt sich jedermann neu über Altes belehrt, des christlichen Propriums wieder versichert und von brennender Sorge über den Zeitgeist erfüllt.

2 Kerygmatische Theorien fordern entscheidungsentschlossene Hörer.

2.1 Vom kerygmatischen Anspruch der Predigt erfaßt macht man sich bereit, ein jeder an seinem Platze immer wieder ganz neu nach dem Eigentlichen und Wesentlichen zu fragen.

3 Homiletische Theorien suchen nach menschenfreundlichen Hörern, die der Umgang mit der Umgänglichkeit Gottes zu allerlei Gutem ermutigt.

3.1 Wenn die Predigt die Menschenfreundlichkeit Gottes vertritt, ist es 2000 Jahre post Christum nicht gänzlich abwegig, daß einige Zuhörer menschenfreundlicher werden.

5.4.7 *Die antihomiletischen Theorien beschäftigen sich mit dem Unvermögen der Predigt.*

1 Die Theorien, die sich um die Predigt bemühen, lassen oft an das Weib aus dem Evangelium denken, das sein Vermögen an seine Ärzte verlor, ohne gesünder zu werden.

2 Die homiletischen Theorien betrachten die Wirkungsgeschichte der Predigt: man werde durch sie zum Glauben berufen und darin bestärkt.

2.1 Die antihomiletischen Theorien betrachten die Leidensgeschichte der Predigt: sie sehen sich statt zum Glauben an die Berufung der Predigt zu einem Nachruf auf diese veranlaßt.

2.2 Manche fragen sich, ob die Predigt nur Glauben schafft, wenn man glaubt, daß sie's tut, und entbehrlich wird, wenn man schon glaubt, daß man glaubt.

3 Wenn das Vollkommene kommt, wird die Predigt aufhören, erfährt man bei Paulus.

3.1 Einige scheinen zu hoffen, das Vollkommene käme noch schneller, wenn man gleich mit der Predigt aufhörte.

4 Daß das Predigen Stückwerk ist, kann man am Stückwerk der Perikopen erkennen: das Stückwerk höret nimmer auf, wieviel man auch anstückt.

5 Wenn eine Predigt mißlingt, wird ihr Stückwerk als Unvermögen erfahren; wenn sie gelingt, erscheint auch im Stückwerk das Ganze.

5.4.8 *Im Kasualfall kommen die Theorien der Predigt entweder zum Vorschein oder zu Fall.*

1 Kasualfälle stehen allen bevor; der letzte bringt jeden zu Fall.

2 Kasualfälle sind gewöhnliche Fälle, die die Prediger durch erhebende Reden zu besonderen Fällen erheben.

3 Kasualreden können bei den Betreffenden leicht zu Verirrungen und bei den Betroffenen oft zu Verwirrungen führen.

4 Kasualfälle sind für das Herkommen und das Steueraufkommen bedeutsam: sie sind die großen Bedarfs- und Vertrauensfälle der Kirchen.

4.1 In Kasualfällen folgen den Predigern ihre Werke meist ziemlich lang nach.

5 Kasualprediger können entweder die Theorie oder ihren Charakter oder auch das Verhältnis zum Kasus verlieren.

5.1 Dogmatische Theorien stellen die Predigt über den Kasus, kerygmatische nehmen den Ritus nicht wichtig, homiletische richten in Ritus und Predigt sich ganz nach dem Kasus.

6 Kasualfälle können zu amtlichen Mißhelligkeiten und theologischen Unfällen führen; sie mißfallen den Predigern, wenn sie zu häufig anfallen.

6.1 Mancher Prediger wünscht nicht, als Zeremonienmeister zu wirken; er stümpert im Ritus herum und ereifert sich in seiner Predigt.

7 Betroffene brauchen die haltbare Form, das bewegliche Wort und die menschliche Nähe; wer in einem versagt, versagt ihnen alles.

7.1 Oft wissen die Leute nur, was sie zu tun haben, aber nicht, was sie tun.

Über die Beziehungen zwischen dem Text und der Predigt

Daß der Predigttext wichtiger ist als die Predigt und diese ihm ihre Bedeutung verdankt, die Zuhörer aber meistens auch von der Predigt selbst etwas haben möchten. Daß ihre Beziehungen manchmal nicht leicht zu durchschauen sind und der Streit zwischen Thema- und Textpredigt meistens nicht endet. Über vielerlei Texte und Predigten über diese und manche Verwirrung, die daraus entsteht. Daß sie das rechte Verhältnis unter sich desto besser gewinnen, je besser sie sich und die Zuhörer zu ihrer Lage ins rechte Verhältnis zu setzen vermögen.

5.5 *Der Text besitzt für die Predigt große Bedeutung.*

5.5.1 *Die Bedeutung der Predigt wird selten bestritten.*

1 Wie viele Umfragen zeigen, hält man es meistens für richtig, die Predigt für wichtig zu halten, auch wenn man selber nicht viel von ihr hält.

1.1 Essen und Trinken sei nicht so wichtig wie eine Predigt, aber nötiger, sagt man in Köln.

2 Auch die Prediger neigen persönlich dazu, die Predigten ihrer Kollegen für nicht ganz so wichtig zu halten.

3 Wer selten Gelegenheit nimmt, eine Predigt zu hören, hat auch nur selten Gelegenheit, an ihrer Bedeutung zu zweifeln.

4 Oft ist eine unbedeutende Predigt den Zuhörern lieber als wenn sie vergeblich versucht, einen bedeutenden Eindruck zu machen.

5 Unbedeutende Predigten ändern nichts an der Bedeutung der Predigt: sie sind darin inbegriffen.

5.5.2 *Die Bedeutung der Predigt geht hauptsächlich auf die Bedeutung des Textes zurück.*

1 Das wichtigste an der Predigt ist nicht die Predigt, sondern der Text, sagt eine verbreitete protestantische Überzeugung.

2 Auch die unbedeutende Predigt hält zur Betrachtung bedeutender Texte an und bekommt dadurch eine gewisse Bedeutung.

3 Die Bedeutung der biblischen Texte ist theologisch begründet: man beruft sich dafür auf die Mitte der Bibel.

3.1 Wer sich auf die Mitte der Bibel beruft, hält manche entlegenen Texte der Bibel für nicht so bedeutend.

3.2 Indem man sie auf die Mitte der Bibel bezieht, kann man den entlegensten Texten der Bibel Bedeutung verleihen.

4 Die bedeutendsten Texte der Bibel kommen in keiner Predigt zu ihrer vollen Bedeutung: man versucht's deshalb immer aufs neue mit ihnen.

5 "Was ich euch sage, ist nichts, was euch der Text sagt, ist alles", betonte der Prediger voller Emphase; als seine Hörer dasselbe sagten, war's ihm nicht recht.

5.5.3 *Die Predigthörer wollen nicht bloß vom Text etwas haben, sondern auch von der Predigt.*

1 Wenn der Prediger seinen Text verliest, hört man ihn an; wenn er mit seiner Predigt beginnt, dann hört man ihm zu.

2 Einigen fällt zum Text soviel ein, daß die Predigt dahinter zurücktritt, andern zur Predigt so viel, daß ihr Text fast verschwindet.

3 Gegen Ende der Predigt nimmt der Prediger gern die Gelegenheit wahr, mit Hilfe des Textes zu einem bedeutenden Ende der Predigt zu kommen.

4 In mancher Predigt bekommt man fast nur einen Eindruck vom Text, in mancher auch Heimweh nach diesem.

4.1 Wenn man nach der Predigt für die Vergessenen betet, sollte man manchmal auch des vergessenen Textes gedenken.

5 Wenn ein Hörer vom Prediger nachher den Text seiner Predigt erbittet, meint er das Manuskript seiner Predigt, aber nicht ihren Text.

5.5.4 *Prediger unterlassen es ungern, sich auf einen Text zu beziehen.*

1 In der ältesten Christenheit hielten die Lehrer sich eng an die Schrift, die Propheten freier von dieser.

1.1 In der heutigen Christenheit bleiben die Lehrer oft frei von der Schrift, aber manche Propheten am Buchstaben hängen.

2 Um die Beziehungen zwischen dem Text und der Predigt ist es gelegentlich diplomatisch bestellt: ihr wahrer Stand ist nur für Eingeweihte erkennbar.

3 Ein vorgeschriebener Text hält die Predigt bei seinen Gedanken und manchmal auch in der Vergangenheit fest, aber selten von törichten Einfällen ab.

3.1 Ein freier Text ist nicht so frei, wie er scheint, und macht auch die Predigt nicht freier.

4 Die Wahl eines Textes hängt häufig vom Thema ab, über welches man predigen möchte, und ändert meist wenig daran.

5 Auch eine textfreie Predigt hat Texte, nur läßt sie diese inkognito bleiben.

6 Manche Predigten schicken sich Texte voraus, ohne ihnen zu folgen oder folgen dem Text so, als hätten sie keinen.

7 Solange die Predigt auf eine beliebte Meinung hinauskommt, wird der Prediger selten gefragt, ob er sie dem Text verdankt oder der Freiheit von diesem.

5.5.5 *Der Streit, ob die Textpredigt oder die Themapredigt den Vorzug verdiene, ist nicht mehr der jüngste.*

1 Die Textpredigt kann nur selten den Text, aber häufig die Hörer erschöpfen.

1.1 Manche Texte sind für die Predigt verfänglich: sie verfängt sich in ihnen und darum oft bei ihren Hörern nicht mehr.

1.2 Die captivitas exegetica gilt zwar als ehrenhaft, aber auch eine Ehrenhaft ist eine Freiheitsbeschränkung.

1.3 Die gängigen Predigttexte erinnerten Goethe an ausgedroschene Garben: auch Olympier können sich täuschen.

2 Nicht jede Textpredigt predigt den Text: mancher Prediger hat schon die ganze Nacht mit dem Texte gerungen und ist dann doch Sieger geblieben.

3 Eine Themapredigt setzt völlig auf dieses und sich oft über sämtliche Texte hinweg.

3.1 Vom Texte befreit kann der Redefluß strömen, so hofft man und spart dann die exegetischen Unkosten ein.

3.2 Der Vorrat an gängigen Themen ist kleiner als der Vorrat an gängigen Texten.

3.3 Ein Thema, das schon in der Presse erschöpft ist, wird auf der Kanzel nicht frischer.

4 Eine Themapredigt legt sich nicht bloß ihr Thema zugrunde: sie möchte auch, daß sich der Text dazu äußert.

4.1 Wer einen Text predigen will, meditiert ihn meistens solange, bis sich aus diesem ein Thema ergibt.

4.2 Wer ein Thema predigen möchte, meditiert es so lange, bis auch der Text dazu paßt.

5 Die Zuständigkeit für die Texte wird den Predigern selten bestritten; über die Themen machen die Hörer sich häufig auch selber Gedanken.

5.1 Die Zuhörer wollen sich nicht im Gestrüpp eines Textes verfangen und auch nicht im Redefluß eines Themas ertrinken.

6 Wenn der Redefluß trocken bleibt, kann ihn kein Text und kein Thema flüssiger machen.

6.1 Wenn die Predigt lebendig ist, läßt sie sich durch kein Thema und keinen Text daran hindern.

7 Manchmal träumt man am Anfang der Predigt von den Quellen des Jordan und wacht dann am Ende der Predigt am Toten Meer wieder auf.

5.5.6 *Ein Text ist immer nur einer von vielen.*

1 Die Bibel ist groß und enthält viele Texte; auf einige kann man gefahrlos verzichten.

2 Die meisten Texte sind in die Geschichte verstrickt und von einer Wolke von Zeugen umlagert.

2.1 Manche Texte sind hinter den text-, redaktions-, überlieferungs-, gattungs- und religionsgeschichtlichen Fragen fast unzugänglich geworden.

2.2 Einige Texte sind durch Verfasserprobleme und echte Zweifel an ihrer Echtheit in eine zweifelhafte Verfassung geraten.

2.3 Nicht jeder Text läßt erkennen, wo sich sein Sitz im Leben befand oder heute befindet.

3 Die Bestimmung zum Predigttext fällt mit der Eignung für diesen nicht immer zusammen.

3.1 Einige Predigttexte haben nur die Verwendung als Predigttext miteinander gemeinsam.

3.2 Die Geschichte der Predigt hat auch schon unmögliche Texte als mögliche Texte erwiesen.

4 Man kann sich bei mancher Predigt statt ihres Textes auch andere Texte vorstellen.

5 Man kann das Leben der Texte so wenig erschöpfen, wie man die Texte des Lebens erschöpft.

5.5.7 *Eine Predigt ist immer nur eine von vielen.*

1 In der theologischen Theorie fristet "die Predigt der Kirche" ein etwas eintöniges Leben.

1.1 Wenn in jeder Kirche am Sonntag "die Predigt der Kirche" ertönte, hätte dies viele Gefühle der Unlust zur Folge.

1.2 Wenn man in keiner Predigt am Sonntag etwas von der "Predigt der Kirche" zu hören bekäme, würde den meisten Hörern die Lust an der Predigt vergehen.

2 In der homiletischen Praxis ist "die Predigt der Kirche" immer so vielstimmig oder so eintönig wie ihre Prediger sind.

2.1 Nicht jeder Prediger hat seine eigene homiletische Handschrift; meist kann man erkennen, wo er sie gelernt hat.

2.2 Prediger wirken oft stärker auf Prediger ein als theologische Schulen.

3 Auch wenn man den gleichen Text predigt, sind die Predigten immer verschieden; einige könnten genausogut einen andern Text haben.

3.1 Der beste Text verhindert es nicht, daß man die unmöglichsten Predigten über ihn hört.

4 Ein ungewöhnlicher Text kann die Predigt zuweilen beleben, ein sturer Prediger jeden Text eintönig machen.

5 Im homiletischen Glücksfall wird aus einem Text der Text für die Predigt und aus einer Predigt die Predigt über den Text.

5.5.8 *Vom Text wird sehr vieles und manchmal zu vieles erwartet.*

1 Der Text soll vor der Predigt und hinter ihr stehen, sie beherrschen, ihr dienen und bei allem vorkommen, was in ihr vorkommt.

2 Auch wenn der Text häufig vorkommt, weiß man nicht immer, warum: oft steht er bloß da und der Predigt im Weg.

2.1 Ein Text, der gebraucht wird, ohne daß man ihn braucht, verbraucht sich am schnellsten.

3 Viele Prediger haben nur wenige Texte.

3.1 Einige Prediger können in jeder Predigt ein Dutzend vorzüglicher Texte verbrauchen, andere werden auch in der längsten Predigt mit dem kürzesten Texte nicht fertig.

4 Oft erwartet der Prediger mehr vom Text, als dieser hergeben kann; manchmal verlangt auch der Text mehr, als ihm der Prediger gibt.

5.5.9 *Was man vom Text hält, erhält man von ihm.*

1 Der Text ist geduldig und der Prediger findig: wenn die Notfälle einfallen, nehmen die Einfälle zu.

2 Wer weiß, was er sucht, findet im Text das Gesuchte, sofern er nicht etwas besseres findet.

3 Wem das Herz aller Texte ganz links schlägt, der kann seine Hörer halblinks überholen.

3.1 Wem alle Texte die rechte Ordnung vertreten, der ordnet auch Linksverdächtiges rechts in sie ein.

4 Mancher Text setzt sich auch gegen das Predigtvorhaben zur Wehr; wenn der Prediger darauf achtet, kommt dies der Predigt zugute.

5 Man kommt mit dem Text in der Predigt am besten zurecht, wenn man zugleich mit der Lage der Hörer zurechtkommt.

Wozu der Predigttext außerdem noch gebraucht werden kann

Daß der Prediger seinen Text meist als Vorspann gebraucht, ihm aber auch einen solchen vorausschicken kann. Daß der Text die Predigt beschützen soll, ohne sich selbst vor ihr schützen zu können. Daß der Text erst zu unsrem Text wird, wenn man über ihn predigt, und man ihn verfremden soll, wenn er allen bekannt ist. In schwierigen Fällen predigt man lieber schriftgemäß gegen den Text als textgemäß gegen die Schrift, soll aber die Predigt nicht für einen Trampelpfad und die Kanzel nicht für einen Naturschutzpark halten.

5.6 *Der Text ist zu allem Guten geschickt.*

5.6.1 *Der Text dient gewöhnlich als Vorspann der Predigt.*

1 Wenn sich der Prediger schwach fühlt, zieht er den Text heran und fühlt sich dann stärker.

1.1 Wenn ein Text nicht mehr zieht, zieht man andere Texte hinzu.

2 Wenn der erste Vers eines Textes erschöpft ist, geht man zum nächsten Vers über; wenn der Text nur aus einem Verse besteht, geht man von Wort zu Wort weiter.

3 Wenn es bergauf geht, nehmen die Fuhrleute Vorspann, und wenn ihr Gedankengang steil wird, nimmt auch die Predigt gern andere Texte zu Hilfe.

4 Jeder Prediger hat seine Lieblingstexte zur Hand; viele stehen vom letzten Mal her noch warm im Geschirr.

5.6.2 *Der Text kann manchmal auch selbst einen Vorspann gebrauchen.*

1 Wenn der Text abgespannt wirkt, schickt ihm der Prediger einen Teil seiner Predigt als Vorspann voraus.

2 Ein müder Vorspann macht keine Predigt behender.

2.1 Nach einem spannenden Vorspann wartet alles gespannt auf den Text und die Predigt.

2.2 Viele wissen nicht sicher, ob der Vorspann auch schon zur Predigt gehört.

3 Wenn im Vorspann schon alles gesagt ist, ist die ganze Spannung vorbei: die Predigt nimmt ihren gewohnten Verlauf.

3.1 Man schenkt erst den guten Wein aus und hernach, wenn sie trunken sind, den geringen, riet der Kellermeister von Kana.

5.6.3 *Der Text muß den Prediger schützen.*

1 Die Erwartungen an die Predigt werden nicht kleiner, wenn sich die Zahl ihrer Hörer verringert.

2 Was immer dem Prediger einfällt, der Text muß es decken, und wenn ihm gar nichts mehr einfällt, deckt er seine Blöße.

3 Wenn die Predigt mißlingt, kann der Text ihr als Alibi dienen; wenn der Text sie nicht schützt, dann schützt sie ihn vor.

4 Unter dem Schirm seines Textes bleibt der Prediger trocken; seine Predigt meist auch.

5.6.4 *Der Text kann sich nicht vor dem Prediger schützen.*

1 Der Text ist für alle bestimmt, aber der Prediger hat ihn am längsten studiert.

2 Der Prediger kann seinen Text historisch exegesieren, existential interpretieren oder auch seine politische Relevanz demonstrieren.

2.1 Wenn der Kurs eines Textes der Predigt nicht zusagt, macht man Exkurse.

3 Mancher Prediger stellt sich nur unter den Text; wer auf alle Methoden verzichtet, verzichtet darauf, seinen Eigensinn unter Kontrolle zu bringen.

4 Der beliebteste Sinn eines Textes ist nicht immer authentisch, der authentische oft nicht beliebt.

5 Beim Übersetzen des Textes erscheinen dem Prediger manchmal im Traum seine einstigen Lehrer, doch erlernt man es rasch, den erlernten Umgang mit seinem Text zu umgehen.

5.6.5 *Erst wenn man ihn unter die Leute bringt, sind die Hörer im Text.*

1 Der Hörer ist schon im Text, stellt der Prediger fest, wenn er ihn theologisch betrachtet.

1.1 Die Prediger wären oft froh, wenn die Hörer auch in der Predigt erschienen, homiletisch betrachtet.

1.2 Auch die Zuhörer möchten nicht bloß im Text, sondern auch in der Predigt vorkommen.

2 Mancher kommt nicht mehr zur Predigt, weil er nicht darin vorkommt, und mancher bleibt fern, weil er das Gegenteil fürchtet.

3 Wenn der Prediger seine Hörer im Text sucht, vergißt er zuweilen die Leute unter der Kanzel.

3.1 Der Weg vom Hörer im Text bis zu den Leuten unter der Kanzel ist meistens ebenso lang wie der Weg vom Text bis zur Predigt.

4 Solang man die Texte betrachtet, bekommt man nur die Exempel der Texte zu sehen: Apostel, Propheten und Glaubensheroen, arme Witwen, stattliche Pharisäer und einige Zöllner auf Bäumen.

4.1 Erst wenn sie auch in der Predigt vorkommen, kommen die Leute unter der Kanzel über den Text und sich selber ins Bild.

5.6.6 *Die Predigt muß dafür sorgen, daß ihr Text „unser Text“ wird.*

1 Wo etwas verlautete, wurde es nachher zum Text; zu unsrem Text wird es erst, wenn es erneut für uns laut wird.

2 Wer gleich am Anfang der Predigt von "unsrem Text" spricht, hält seine Predigt bereits für gelungen.

3 Wem der Text fremd ist, der muß seinen Text darin suchen.

3.1 Wem der Text allzu vertraut ist, der muß ihn verfremden, um seinen Text in ihm zu finden.

3.2 Erst wenn man im fremden Text seinen eignen entdeckt hat, hat man den Keim seiner Predigt gefunden.

5.6.7 *Mancher Text legt es dem Prediger nahe, daß er gegen ihn predigen sollte.*

1 Die Predigt gegen den Text ist nicht so neu, wie sie scheint: sie hat die Predigt in guten und bösen Tagen begleitet.

2 Schon mancher hat gegen die Texte gepredigt, ohne daß er dies wollte und merkte.

2.1 Die unfreiwillige Predigt gegen den Text kommt nicht immer dem Text, aber manchmal der Predigt zugute.

3 Statt über die Texte zu predigen, predigen manche nur gegen die Herrschaftsverhältnisse, die sie dahinter vermuten.

4 Einige predigen absichtlich gegen den Text: sie wollen ihn übertreffen, um ihn schärfer zu treffen.

4.1 Als Luther im Römerbrief einen Vers um sein berühmtes "sola" vermehrte, traf er ihn und das Evangelium besser.

5 Bei einer Predigt gegen den Text muß man sich deutlich über die Gründe erklären.

5.1 Viele Texte bestehen aus Sprüchen und Widersprüchen: der Prediger kann sich teils auf die Sprüche, teils gegen sie auf die Widersprüche berufen.

6 Wenn der Prediger einen Text bloß heranzieht, um über ihn herzuziehen, wird er immer den kürzeren ziehen.

6.1 Man fährt besser, wenn man den Text überzieht und nicht seinen Kredit bei den Hörern.

7 Wer gegen den Text predigt, hat zumeist einen andern im Sinn: er hätte es leichter, gleich diesen zu nehmen.

5.6.8 *Einige Prediger ziehen es vor, den Text zu verfremden.*

1 Wer Altes neu zu Gehör bringen will, muß das Allzuvertraute unvertraut machen.

1.1 Mit unerwarteten Mitteln kann man erwartete Absichten leichter erreichen.

2 Wer Vertrautes verfremdet, will den Widerspruch seiner Hörer erregen: sie sollen sich ärgern und nachdenklich werden.

2.1 Wer Vertrautes verfremden will, kann manchmal auch bloß seine Hörer befremden: man wundert sich über den Prediger, statt über die Kunst der Verfremdung.

5.6.9 *Wer seinen Text nicht ernst nimmt, nimmt auch seine Hörer nicht ernst.*

1 Der Prediger nimmt seine Hörer nicht ernst, wenn er den Text nur sich selber erklärt oder ihn unerklärt läßt.

2 Bei der Vorbereitung der Predigt ist viel zu bedenken, was zwar zur Predigt, aber nicht in die Predigt gehört.

2.1 Vor der Predigt sind Kläranlagen vonnöten: die Hörer sind nicht darauf aus, die neuesten Hypothesen der Exegeten zu hören.

3 Fortschrittlich predigt nur, wer seinen Hörern zu eigenen Fortschritten im Verständnis des Glaubens verhilft.

4 Die Predigt will keinen Lärm, sondern nachdenklich machen; mit dem Bedenken des Textes fängt häufig das Nachdenken an.

4.1 Von einer Predigt, die nachdenklich macht, gehen auch Anstöße aus; wo man dieses gewaltsam versucht, stößt man die Hörer nicht an, sondern bloß vor den Kopf.

5 Wer die Predigt für einen Trampelpfad hält, stellt sich als homiletischen Dickhäuter vor.

5.1 Den Elefanten erkennt man daran, daß er im Porzellanladen wenig Übersicht zeigt.

5.2 Einige Prediger scheinen des Glaubens zu sein, daß erst die Scherben das große Kanzelglück bringen.

Von der Kritik an der Predigt beziehungsweise nach dieser

Daß mancher Prediger in seiner Predigt gegen sie predigt, ohne daß er es will, und mancher es absichtlich, aber heimlich versucht oder das Predigen einstellt, und daß nachher viele teils über, teils gegen sie sprechen möchten, es aber nur schwer zum Nachgespräch kommt.

5.7 *Die Kritik an der Predigt richtet sich auf eine bessere Predigt und manchmal auch gegen sie selber.*

5.7.1 *Eine Predigt gegen die Predigt ist nicht so neu, wie es scheint.*

1 Wenn eine Predigt mißlingt, dann spricht sie meist gegen die Predigt, ohne daß sie dies will.

2 Nicht jede mißlungene Predigt spricht gegen die Predigt: oft ruft sie auch Sehnsucht nach einer gelungenen Predigt hervor.

3 Wenn dem Prediger seine Predigt mißlingt, kann sie statt der Gemeinde auch deren Mitleid erwecken.

3.1 Wenn dem Prediger seine Predigt beharrlich mißlingt, erweckt sie anstatt ihrer Hörer nur deren Verdruß.

5.7.2 *Die Kritik an der Predigt ist häufig, doch gilt sie nur selten der Predigt.*

1 Die Kritik an der Predigt gilt oft nicht dem Prediger oder der Predigt, sondern denen, die sie ihm beigebracht haben.

2 Die Kritik an der Predigt gilt häufig der Kirchenbehörde, die einen Prediger beigebracht hat, der nicht predigen kann.

3 Wo das Mißlingen der Predigt zur festen Gewohnheit geworden ist, gilt die Kritik an der Predigt dem Prediger selber.

3.1 Man ist wenig erfreut, wenn der Pfarrer nicht kann, was jeder erwartet, und dafür alles mögliche tut, das niemand von ihm verlangt.

4 Die Kritik an der Predigt hat viele Gestalten und meistens erfolgt sie zu Fuß: man verzichtet darauf, sie zu hören.

5 Vielleicht bleiben manche den Predigten fern, weil sie lieber selbst predigen würden.

5.1 Die meisten hält nicht die Predigt von dieser ab, sondern das, was man predigt.

5.7.3 *Wo die Kritik an der Predigt ihr selbst gilt, suchen manche nach Alternativen zur Predigt.*

1 Wo die Kritik an der Predigt die Predigt selbst meint, suchen manche nach einem Ersatz für die Predigt.

2 Solange noch kein Ersatz für die Predigt in Sicht kommen und auch das Publikum dazu nicht herkommen will, sucht man die Predigt selbst zu verändern.

3 Wie man hören und sehen kann, suchen jetzt viele die Predigt durch Vor- und An-, Zwischen- und Nachspiele oder durch Bild-, Musik- und Gesprächspausen neu zu beleben.

3.1 Wie man hören und sehen kann, scheint auch manchen das Hören und Sehen ganz zu vergehen, wenn man die Predigt zu heftig belebt.

4 Difficile est, satiram non scribere: es ist offenbar schwierig, die Predigt zu ihrer eigenen Alternative zu machen.

5.7.4 *Die Kritik an der Predigt bringt manchen dazu, daß er heimlich gegen sie predigt.*

1 Wenn ein Prediger nicht mehr predigen möchte, behält er dies lieber für sich: man erwartet von ihm, daß er predigt.

2 Mancher, der predigen soll, aber wenig vom Predigen hält, predigt dann heimlich gegen die Predigt.

2.1 Eine heimliche Predigt gegen die Predigt schadet dem Prediger wenig, aber häufig der Predigt.

2.2 Die heimliche Predigt gegen die Predigt macht sie nicht schlank, sondern mager: ihr Gewicht fällt ab und ihre Gewichtsabnahme fällt auf.

2.3 Der Prediger kann auch bei einer mageren Predigt gedeihen.

3 Die heimliche Predigt gegen die Predigt kann die häufigste protestantische Kirchgangsgewohnheit befördern: daß man ihn ganz unterläßt.

3.1 Daß der Kirchgang eine Anstrengung ist, empfindet erst der, der ihn eingestellt hat.

4 Die Zuhörer übernehmen die Vorurteile des Predigers gegen die Predigt nur selten: sie übertragen sie meist auf ihn selber.

5 Bei der heimlichen Predigt gegen die Predigt bleibt die Gemeinde fröhlich in Hoffnung, geduldig in Trübsal und sparsam im Hören: sie hofft auf den kommenden Pfarrer.

5.7.5 *Wenn dem Prediger der Geduldsfaden reißt, macht er kurz Schluß mit der Predigt.*

1 Wenn der Prediger mit der Predigt kurz Schluß machen will, hält er seine letzte Predigt als Predigt gegen die Predigt.

2 In seiner letzten Predigt gegen die Predigt sagt man der Predigt alles das nach, was ihr heute nachgesagt wird.

2.1 Der Prediger will nicht im Schatten boxen wie einer, der bloß in die Luft streicht: eine Sorge, die ihn mit Paulus verbindet.

2.2 Der Prediger fällt jetzt die Predigt im Handstreich: ein Verfahren, das ihn von Paulus dann doch wieder trennt.

3 Eine Predigt gegen die Predigt verwirrt ihre Hörer: die wenigsten kommen deshalb zur Predigt, weil sie etwas gegen sie haben.

4 Eine Predigt gegen die Predigt ist fast ebenso schwierig wie eine Predigt.

4.1 Eine erste Predigt geht ihren Hörern zu Herzen, eine letzte meist bloß auf die Nerven.

5 Wer seine letzte Predigt für seine beste hält, läßt sie drucken; andre gewöhnen sich daran, ihre letzte Predigt immer noch einmal zu halten.

5.7.6 *Auch von den Nichthörern wird eine Predigt gegen die Predigt wenig geschätzt.*

1 Eine Predigt gegen die Predigt erweckt nur selten den Wunsch, sie zu hören.

2 Wenn die Predigt die Sünden aufs Korn nimmt, findet sie Beifall, wenn sie die Predigt aufs Korn nimmt, schütteln manche den Kopf.

3 Viele Nichthörer wünschen, daß die Kirche so bleibt, wie sie war: wer die Predigt nicht hört, den stört sie auch nicht.

5.7.7 *Das Nachgespräch nach der Predigt ist ihren Mängeln sowie dem Wunsch, sie zu bessern, entsprungen.*

1 Die Kritik an der Predigt hat zu dem Wunsch geführt, sie zu verlängern: man hofft auf das Nachgespräch über die Predigt im Anschluß an diese.

2 Im Nachgespräch kann man die Längen der Predigt verkürzen und die Verkürzungen ihrer Lehren verlängern und alles zum besten kehren, was sie zum besten gab.

3 Das Nachgespräch kommt der kommenden, manchmal auch der gehaltenen Predigt zugute.

4 Für den Prediger ist das Nachgespräch heikel: er ist selber sein heimliches Thema.

4.1 Solange er selber zugegen ist, spricht man sich im Nachgespräch leichter über die Aussprache eines Predigers als über den Wert seiner Ansprache aus.

5 Auch für die Teilnehmer ist das Nachgespräch heikel: man kann dabei die Predigt und auch sich selber zerreden.

5.1 Wenn einer im Nachgespräch über die Predigt nicht recht bekam, gibt man ihm am besten im Nachgespräch über das Nachgespräch recht: sonst erscheint er nicht wieder.

5.7.8 *Das Nachgespräch ist in einem schwierigen Zustand: es kommt nur sehr schwierig zustande.*

1 Nach einer Predigt haben die meisten den Wunsch, rasch nach Hause zu kommen; im Nachgespräch fühlt sich noch niemand zu Hause.

2 Das Nachgespräch hat mit der Predigt den Zeitdruck gemeinsam: es sollte rechtzeitig enden.

3 Wenn die Predigt kürzer ausfiele, könnte man früher, wenn sie gänzlich ausfiele, sogleich zum Nachgespräch kommen.

3.1 Was im Nachgespräch über die Predigt zu sagen sein wird, wissen einige immer schon vorher zu sagen.

4 Im Nachgespräch nach der Predigt möchte man meistens darüber sprechen, worüber sie schwieg.

4.1 Im Nachgespräch möchten manche die Predigt durch eine andere Predigt ergänzen, die sie lieber gehört haben würden.

4.2 Auch der Prediger predigt oft gerne im Nachgespräch weiter.

5 Das Nachgespräch lohnt sich, so oft sich die Predigt gelohnt hat.

5.1 Wenn sich die Predigt gelohnt hat, denken viele, sie bräuchten kein Nachgespräch mehr.

Über die Darbietung einer Predigt

Daß man die Predigt nicht bloß hervorbringen, sondern auch vorbringen soll und der Prediger halten muß, was er hat. Daß die Predigt nicht immer hält, was sie verspricht und die Darbietung oft ihre einzige Tat bleibt, die Prediger aber häufig zu wenig Wert darauf legen. Schließlich ist auch des Drucks zu gedenken, unter dem sie bei ihrer Entstehung und Darbietung stehen und in dem sie auch wieder erscheinen kann.

6 *Zur Predigt gehört ihre Darbietung, auch wenn es gelegentlich besser wäre, sie unterbliebe.*

6.1 *Erst durch die Darbietung wird aus der Niederschrift eine Predigt.*

6.1.1 *Bei der Darbietung seiner Predigt verhält man sich nach der biblischen Weisung: halte, was du hast!*

1 Man kann nur die Predigt halten, die man schon hat, auch wenn man oft gern eine andere hätte.

2 Wer eine Predigt halten muß, die er nicht hat, kommt auf eine Predigt zurück, die er früher schon hatte.

2.1 Wem beim Predigen nichts mehr einfällt, dem fallen die früheren Einfälle noch einmal ein.

3 Die Heilige Schrift macht die Predigt gewiß und die Niederschrift macht den Prediger sicher: man hält sich an das, was geschrieben steht.

4 Um von der Heiligen Schrift bis zur Niederschrift zu gelangen, muß man die Worte wechseln wie der Kutscher die Pferde.

4.1 Um von der Schreibe zur Rede zu kommen, müßte man seine Worte oft noch einmal wechseln.

4.2 Im Nachgespräch werden die Worte gewechselt, auf der Kanzel kommt es nur selten dazu: man hält, was man hat.

5 Wenn der Prediger seine Predigt hält, hält er von dem, was er hat, häufig mehr als die Hörer.

6 Der Heilige Geist holt die Überstunden nicht nach, um die sich der Prediger drückte.

6.1.2 *Die Darbietung macht die Predigt zu einer Aktion.*

1 Die Predigt soll nicht bloß Gedanken abrufen, sondern zu Taten aufrufen: praedicatio ist ein nomen actionis.

2 Der Sprung in die Tat soll aus dem Sprung in den Glauben entspringen; meist bleibt es beim Vorsprung der Predigt.

3 Der Staatsanwalt wundert sich, wenn man den Verbalismus der Predigt beklagt: er kann einen Prediger als Verbaltäter oder Verbal-Attentäter betrachten.

4 Wenn aus der Predigt Aktionen entspringen, sieht man es diesen schon bald nicht mehr an, woraus sie entsprangen.

5 Vielen Taten sieht man es an, daß sie nicht aus der Predigt entsprangen; wieviele Untaten wegen der Predigt ungetan bleiben, ist schwer zu ermitteln.

5.1 Einige Tätigkeiten sind wegen der Predigt oder während der Predigt noch immer verboten.

6 Der Sprung in die Tat fällt der Predigt nicht leicht; meist fällt es leichter, Gedankensprünge zu machen.

7 Wenn sich der Prediger mit einem Gedankensprung rettet, bleiben die Hörer auf ihrem Gedankengang sitzen.

6.1.3 *Die Darbietung einer Predigt ist ihre große Gelegenheit oder bringt sie um diese.*

1 Den Prediger strengt die Niederschrift seiner Predigt, die Hörer meist ihre Darbietung an.

2 Bei einem neuen Prediger finden ältere Hörer, er spreche zu leise: sie müssen sich an ihn gewöhnen.

2.1 Es ist nicht gut, wenn die einzige Stärke der Predigt in ihrer Lautstärke liegt.

3 Wenn eine Predigt geheimnisvoll tut, deutet sie meistens Geheimnisse an, die sie gar nicht besitzt.

3.1 Wenn sich eine Predigt pathetisch gebärdet, hat sie es nötig: je leerer der Satz, desto voller die Stimme.

4 Schon Paulus war in der Darbietung seiner Predigt der Konkurrenz nicht gewachsen:

4.1 "Die Manuskripte sind stark, doch die Gegenwart seines Leibes ist schwach und seine Rede verächtlich", sagte man in Korinth (2. Kor. 10, 10).

5 Die neue Rhetorik bevorzugt leicht unterkühlte Formen der Rede: sie setzt einen wärmeren Inhalt voraus.

6 Die Darbietung einer Predigt besteht in der Kunst, sie so eindringlich vorzubringen, daß sie nicht aufdringlich wirkt.

7 Was am lautesten knallt, trifft nicht immer am besten.

6.1.4 *Mancher bringt seine Predigt so vor, daß keine draus wird.*

1 Theologen denken oft an die Predigt und über sie nach; an ihre Darbietung denken sie selten.

2 Demosthenes übte das Reden am Strand, die Sänger üben die Arien vor dem Schlafzimmerspiegel; die Prediger üben oft nur die Geduld der Gemeinden.

3 Die Prediger glauben dem Wort, das von selbst wirkt, und daß man der guten Predigt die schlechte Darbietung immer vergebe.

3.1 Es muß nicht die Predigt, es kann auch die Darbietung sein, die manche nicht mögen.

3.2 Ein Prediger, den man nicht hören kann, bekommt es zu fühlen.

3.3 Die schwache Predigt kann durch die Darbietung manches gewinnen, eine gescheite an dieser auch scheitern.

4 Der Prediger sieht es am Manuskript seiner Predigt, wie gut diese ist; die Zuhörer können es nur an der Darbietung merken, ob sie besser als ihre Darbietung ist.

4.1 Die Güte seiner schlecht dargebotenen Predigt bleibt das Geheimnis, das der Prediger mit sich ins Grab nimmt.

4.2 Ob man im Himmel für eine schlecht dargebotene gute Predigt eine Eins gutgeschrieben bekommt, hängt davon ab, wie hoch man den dortigen Einfluß der Theologen veranschlagt.

5 Ein Wort, das nicht haften bleibt, haftet für nichts.

5.1 Taten vergehen, auch wenn sie geboten erscheinen; Worte gehen uns nach, wenn sie gut dargeboten erscheinen.

6 Ihre bedeutenden Fürsprecher haben die Predigt zu Rang und Würden und ihre mäßigen Sprecher sie oft wieder darum gebracht.

6.1.5 *Der Druck, unter dem eine Predigt entsteht, kann ihrer Darbietung Nachdruck verleihen.*

1 Die Predigt kommt oft unter Zeitdruck zustande.

1.1 "Die Nacht ist vorgedrungen, der Tag ist nicht mehr fern", lautet des Predigers Sonntagmorgenchoral.

2 Persönliche Nöte geben der Predigt eine persönliche Note, doch bekommt ihr die Koketterie mit den eigenen Nöten nicht gut.

3 Der Druck, unter dem eine Predigt entsteht, kommt in ihrem unvollkommenen Ausdruck vollkommen zum Ausdruck.

3.1 Wenn eine Predigt schon fertig ist, ehe sie anfängt, ist der Druck viel geringer und ihr Ausdruck viel besser.

3.2 Wenn die Predigt druckfertig ist, bevor man sie hält, beeindruckt ihr Ausdruck die Zuhörer stärker als das, was sie mitteilen will.

3.3 Was die Darbietung einer Predigt betrifft, so riet auch Goethe dazu, dem unvollkommenen Ausdruck den Vorzug zu geben.

4 Wenn der Prediger unter Druck steht, weiß man nie, ob er alles so sagen wollte, wie er es sagte.

5 Wenn die Zuhörer statt der Predigt der Kirchenschlaf übermannt, haben Gedankenpausen erweckliche Kraft.

6.1.6 *Wenn die Predigt im Druck erscheint, hat der Autor die Ehre und der Leser das Wort.*

1 Wer druckreife Predigten hält, wird nach diesen gefragt: man möchte sie nachlesen können.

1.1 Wenn sie eine Predigt nachlesen wollen, bekamen die Hörer von ihr nicht genug, wohl aber den Eindruck, man hätte mehr von ihr haben können.

2 Oft bittet die Pfarrfrau den Prediger nachher um seine Predigt: sie war nächtlich um ihr Gelingen besorgt und morgens zu müde; außerdem tut es ihm wohl.

2.1 Die Nachfrage nach seiner Predigt pflegt bei den Kindern des Predigers weniger lebhaft zu sein.

3 Wenn der Prediger stark unter Druck steht, kann er schwer überarbeitet scheinen; wenn seine Predigt im Druck erscheint, kann sie leicht überarbeitet wirken.

3.1 Im Predigtdruck kann man manches nachbringen, was man unter dem Predigtdruck vorzubringen vergaß.

4 Wenn eine Predigt gedruckt vorliegt, liegt ihr Eindruck meist weit zurück und ihr Ausdruck oft auch; ein Nachdruck kommt kaum mehr in Frage.

5 Ein Predigtdruck kann manchen Predigtdruck mindern: man kann die gedruckte Predigt als Vorlage für seine eigene Predigt benützen.

5.1 Bei wörtlicher Übernahme ist die Entlastung am größten.

5.2 Wenn die Vorlage gut ist, merkt man, wie weit der Prediger hinter dem, was ihm vorliegt, zurückliegt: er steht dann zu stark auf seinen sonst schwächeren Füßen.

Wie die Predigt ihr Publikum aufbringen kann und ob es sehr anziehend wirkt, wenn sie dieses beschimpft

Man denkt wenig daran, daß man die Predigt so vorbringen muß, daß sie ihr Publikum aufbringen kann, und daß es am leichtesten aufgebracht wird, wenn man es beschimpft. Daß die Beschimpfung des Publikums eine ältere Redeweise der Predigt neu aufgebracht hat, die Hörer sich aber nur wenig Genuß von diesem homiletischen genus versprechen. Daß sich das Publikum in der Predigt für seine Beschimpfung nicht mehr so eignet wie früher und man es den Predigern nahelegt, auf der Kanzel nur nach der Predigt und nicht nach dem Dichten zu trachten.

6.2 *Der Prediger hofft, daß seine Predigt ihr Publikum aufbringen kann.*

6.2.1 *Wenn die Predigt ihr Publikum nicht mehr aufbringt, fragt man sich, ob sie sich anders vorbringen läßt.*

1 Einst sah man die Predigt als eine doctrina publica und ihre Zuhörer als das Publikum an, das der Belehrung bedarf.

2 Die Prediger sind noch immer so hochgestellt wie ihre Kanzeln, aber ihr Publikum hat sich verändert.

3 Unter der Kanzel sind zwar nicht alle Plätze, wohl aber alle besetzten Plätze von der "lieben Gemeinde" besetzt.

3.1 Wenn man denkt, daß die Predigt das Publikum meint, dann denkt die Gemeinde, daß nur der Teil der Gemeinde gemeint ist, der abwest.

4 Der Prediger sucht jetzt das Publikum in der modernen Gesellschaft, zu welcher jeder gehört.

4.1 Die Gemeinde findet das Publikum in jenen Kreisen, zu welchen sie nicht mehr gehört.

5 Der Prediger steht bei jeder Predigt erneut vor der Frage, ob diese sich auf das Publikum oder auf die Gemeinde einstellen soll.

6.2.2 *Die Predigt versteht sich als Anrede an die Gemeinde und schickt sich auch eine solche voraus.*

1 Wer immer zur Predigt erscheint, kann aus Gewohnheit erwarten, als "liebe Gemeinde" angesprochen zu werden.

1.1 Wenn es "liebe Gemeinde" heißt, weiß man, daß nunmehr die Predigt beginnt.

2 Prediger höherer Würdegrade bezeichnen die Liebe Gemeinde zuweilen als "teure Gemeinde".

2.1 Man erfährt aus der Predigt, daß sich die Gemeinde aus lieben Freunden, Mitchristen und im Herrn Geliebten zusammensetzt; auch Brüder und Schwestern sind mitunter darunter.

2.2 Wenn die Predigt mit Nachdruck versichert: "das gilt auch dir, liebe Gemeinde", hat sie den Eindruck, man habe dies noch nicht bemerkt.

3 Wer die Hoffnung hat, daß auch jemand vom Publikum anwesend ist, sagt mit Vorliebe "Sie" zu den Hörern.

3.1 Wenn der Prediger "wir" sagt, läßt er offen, ob er sich selber, seine Gemeinde oder das Publikum meint.

4 Wenn der Prediger seine Gemeinde für das Publikum hält, ist sein Glaube sehr groß; wenn er das Publikum für seine Gemeinde hält, ist sein Glaube noch größer.

5 Zweitausend Jahre post Christum natum ist es nicht leicht zu erkennen, wo das Publikum anfängt und wo das Christentum aufhört.

5.1 Als Prediger muß man versuchen, sich coram publico an die Gemeinde zu wenden.

6.2.3 *Für den Eingang der Rede hat die alte Rhetorik empfohlen, sich dem Publikum durch ein Kompliment zu empfehlen.*

1 Die captatio benevolentiae galt immer schon als erfolgversprechender Anfang der Rede.

1.1 Mit Komplimenten kann jeder den Eingang der Rede eingänglicher machen; selbst ein Tadel kann dadurch vergnüglich erscheinen.

2 Statt der Komplimente fürs Publikum empfiehlt jetzt die neue Rhetorik Verbalinjurien gegen dasselbe.

2.1 In der Beschimpfung des Publikums steht die captatio benevolentiae auf dem einsamen Gipfel ihrer totalen Verfremdung.

3 Auch die Kinder Israel haben die Vorzüge ihres Gelobten Landes erst durch die totale Entfremdung im Lande der Pyramiden begriffen.

6.2.4 *Man hat es schon immer bemerkt, daß das Publikum aufgebracht wird, wenn man es beschimpft.*

1 Im Theater brachte man früher das Publikum auf, wenn die Preise anstiegen und die Stücke abfielen; heute bringt man es auf, wenn man es beschimpft.

2 Das Theater trifft Anstalten, wieder zu einer moralischen Anstalt zu werden: aus dem Szenarium macht man ein Obszoenarium aggressiver Moral.

3 Bei der Beschimpfung des Publikums wird der Bußtag im Kammertheater begangen; das Publikum stellt seine Ablaßzettel im Vorverkauf sicher.

3.1 Der aggressive Empfang läßt das Publikum seine eigenen Aggressionen erleben.

4 Wenn dem Publikum seine Beschimpfung gefällt, kann es daran den Grad seiner Bildung ablesen.

4.1 Volksnah beschimpft und zerknirscht sehen zahlungskräftige Bürger dem Auf- oder Anbruch der neuen Gesellschaft entgegen.

5 Das elitäre Bewußtsein läßt sich noch immer in einem vulgären Image am besten verstecken.

6.2.5 *In der Geschichte der Predigt hat die Beschimpfung des Publikums eine große Geschichte gehabt.*

1 Die alten Propheten hatten in Israel vieles zu schelten: den Konsum, die Bestechlichkeit und die Habgier, die Hoffnung aufs Militär und das Geplärr der Choräle.

2 Als sich die Stimme des Täufers erhob, strömte alles zum Jordan, um sich von ihm erst beschimpfen und anschliessend taufen zu lassen.

2.1 Wenn der Täufer die Kriegsknechte schalt, waren die Pharisäer zufrieden, und wenn er diese beschimpfte, tat es den Kriegsknechten wohl.

2.2 Selbst der Körig Herodes hörte es gerne, wenn ihn der Täufer beschimpfte; nur seine Gemahlin war wenig darüber erbaut.

3 In Zeiten der Ablaßpredigt hat die Beschimpfung des Publikums zuerst immer mehr Publikum und dann dieses immer mehr aufgebracht.

3.1 Die Ablaßprediger knirschten so laut mit den Zähnen, bis alles zerknirscht war und der Pfennig im Kasten erklang.

3.1.1 Ältere Prediger knirschten nicht mehr so laut: sie dachten an ihre Zähne und milder über die Sünden.

4 In Zeiten der Glaubenskämpfe trieb die Beschimpfung des Publikums kräftige Blüten.

4.1 Luthers Schimpfkanonaden gaben den Nachfahren Anlaß, an die Niagarafälle zu denken.

5 In Wallensteins Lager setzte der Kapuziner sich bei der Beschimpfung des Publikums groß, wenn auch wenig erfolgreich in Szene.

5.1 Abraham a Santa Clara wurde durch die Beschimpfung des Publikums bei allem Volk und am Wiener Hofe beliebt.

6 Im Zeichen der Toleranz war die Aufklärung nicht mehr bereit, die Beschimpfung des Publikums länger zu tolerieren.

6.1 Die Erweckungsprediger haben das weltliche Publikum nicht mehr wie vormals beschimpft, sondern nur noch sub specie aeternitatis bedauert.

7 Die Beschimpfung des Publikums ist zuletzt auf die Protestsänger übergegangen.

7.1 Die Überzeugung ist weithin verbreitet, daß man ein neues Bewußtsein erzeugt, indem man das alte beschimpft.

6.2.6 *Die Prediger müssen ihr Dichten und Trachten teils auf die Predigt und teils auf das Publikum richten.*

1 Einem Prediger fällt es nicht leicht, nur nach der Predigt und nicht nach dem Publikumseindruck zu trachten.

2 Das Dichten und Trachten des menschlichen Herzens wird in der Bibel von klein auf als böse betrachtet.

3 Die meisten Prediger können viel besser trachten als dichten.

4 Wenn sich die Prediger progressiv und die Predigten aggressiv geben, bringt man das Publikum eher auf als zur Kirche.

4.1 Die progressiven Trends in der Kirchensteuer werden vom Publikum leichter ertragen als progressive politische Trends in der Predigt.

5 Was das Dichten und Trachten der Predigt betrifft, so verhält sich das Publikum und die liebe Gemeinde ganz ähnlich.

6.2.7 *Um auf das Publikum Eindruck zu machen, zeigt sich die Predigt gern auf der Höhe der Zeit.*

1 Der Prediger hat auf der Kanzel nur nach seiner Predigt und nicht nach Gedichten zu trachten.

1.1 Wer dichten kann, hat's auf der Kanzel nicht nötig; wer dort literarische Lorbeeren sucht, hat sie anderswo noch nicht gefunden.

2 Poetische Inspirationen kommen der Predigt zugute, poetische Formen sind in ihr schwer zu ertragen.

3 Jeder weiß, daß der Pfarrer von Cleversulzbach besser dichten als predigen konnte.

3.1 Der Pfarrer von Cleversulzbach machte ein langes Gedicht auf den Turmhahn der dortigen Kirche; er hatte ihn auf seinen Ofen gestellt.

3.2 In der Predigt kredenzte der Pfarrer von Cleversulzbach seinen Bauern nicht seine Gedichte, sondern den Essig für den Salat, den sie im Pfarrgarten stahlen.

4 Ziemlich viel Kanzelessig, ein wenig Kanzelöl und ein Quentchen Humor: für das Publikum in Cleversulzbach war Mörikes Mischung bekömmlich.

6.2.8 *Wer sein Publikum aufbringen will, muß seine Leute kennen und predigen können.*

1 Um sein Publikum in der Predigt beschimpfen zu können, muß man ganz ungewöhnlich gut predigen können.

2 Manche Prediger neigen dazu, ihre eigenen Predigtkünste für ungewöhnlich zu halten; ihre Zuhörer denken oft anders darüber.

3 "Ich kenne meine Pappenheimer" sagte der Pfarrer von Pappenheim, als er die Kanzeltreppe hinaufstieg, um sie zu beschimpfen.

3.1 "Der soll uns noch kennen lernen", sagten die Pappenheimer untereinander, als sie die Kirche verließen: der Prediger hatte sie aufgebracht.

Sentenziöses über Sentenzen, Schlagworte, Fremdwörter, über die Absicht, die optimale Codierung und das Stückwerk der Predigt

Daß sich die Prediger für ihre Predigt nicht alles oder nichts, sondern nur etwas und manchmal auch etwas weniger vornehmen sollen und die Beschränkung zur homiletischen Weisheit gehört. Daß Sentenzen das Schlagzeug der Predigt sein können, man aber von ihnen, von Schlagworten und von Fremdwörtern nur mit Vorsicht Gebrauch machen soll. Daß die optimale Codierung den Prediger selbst nicht entbehrlich macht und das Stückwerk der Predigt nicht aufhebt, vom Heiligen Geist nicht zu reden.

6.3 *Wenn die Predigt nicht weiß, was sie will und wie sie's erreichen kann, kommt sie nicht weit.*

6.3.1 *Keine Predigt kann alles erreichen.*

1 Wer immer alles will oder nichts, erreicht wenig; man muß sich mit etwas und häufig mit wenig begnügen.

1.1 Wer sich mit etwas begnügt, dem ist vieles zu viel; wenn etwas vielen zu wenig erscheint, ist es immerhin etwas.

1.2 Wer etwas in einer Predigt nicht findet, hat alles oder zu vieles oder auch etwas andres gesucht.

2 Wenn einer alles sagen will, sagt er den wenigsten etwas.

2.1 Auch vor vornehmen Hörern soll man sich nicht mehr vornehmen als sonst.

2.2 Wenn sich die Predigt mit etwas begnügt, denken die Hörer erwartungsvoll weiter.

3 Wer sich mit etwas begnügt, tut das gescheiteste, was er tun kann.

3.1 Die gescheitesten Prediger geben sich selten mit etwas zufrieden, doch wer sich beschränken kann, ist nicht beschränkt, sondern weise.

4 Das Geschick mancher Predigt ist nichts als ihr eigenes Ungeschick.

5 Das Ungeschick vieler Predigten läßt sich natürlich erklären: sie wollte zuviel und das führte zu nichts.

5.1 Das Ungeschick einer Predigt ist manchmal auch theologisch begründet: der Prediger wollte aus theologischen Gründen zu viel.

6.3.2 *Die Predigt kann nur erreichen, wozu ihr die Zeit reicht.*

1 Vor der Predigt hat man viel Zeit für die Predigt; sobald sie begonnen hat, wird die Zeit knapp.

2 Die Zeit verführt dazu, vieles hinauszuschieben, besonders das Ende.

2.1 Wenn die Zeit plötzlich vorbei ist, ist auch das Ende vorbei, ohne daß man es richtig bedachte.

3 Die Zeit dauert lang, aber wenn man sie braucht, ist sie immer zu kurz: sie geht unentwegt weiter.

3.1 Wem die Zeit lang wird, der ärgert sich nicht, weil sie so lang ist, sondern weil sie so kurz ist: sie zieht sich dort in die Länge, wo man's nicht wollte.

4 Für etwas hat jedermann jederzeit Zeit, nur für alles reicht die Zeit keinem.

5 Was an der Zeit ist, sagt diese meist nicht von selber.

5.1 Bedeutende Aussagen über die Zeit sind in der Predigt entbehrlich; was an der Zeit ist, muß man mit einfachen Aussagen ansagen können.

5.2 Manch einer predigt die ganze Zeit über die Zeit und sagt doch nicht, was an der Zeit ist.

6 Wenn die Predigt die Worte nicht dicht hält, schlüpft ihr die Zeit durch die Maschen.

7 Den einen ist es zu wenig, wenn über etwas und nicht über alles gepredigt wird, den andern, wenn über alles gepredigt wird, ohne daß etwas geschieht.

6.3.3 *Wenn der Prediger etwas erreichen will, sollten die Sätze der Predigt gut sitzen.*

1 Eine Sentenz ist ein Satz, der mit einem Satz sitzt, und ein Satz, der gut sitzt, setzt sich fest.

2 Sentenzen und Slogans sind überall für die Werbung geeignet; auch in der Politik benützt man sie gern.

3 Sentenzen leuchten dem Nachdenken ohne viel Nachdenken ein; der Slogan erklärt alles, was er erklärt, ohne sich selbst zu erklären.

4 Sentenzen gefallen sich selber, sie kommen behend daher und bedächtig nieder; wenn sie tiefsinnig scheinen, werden sie umso höher geschätzt.

5 Sentenzen leben mehr von den Stimmungen als von der Stimmigkeit: mit der Stimmung vergeht auch die Zustimmung wieder.

6 Sentenzen sind mittlere Feststellungen mit mittlerer Laufzeit: wenn diese abläuft, laufen sie aus.

7 Wer seine verbrauchten Sentenzen nicht kennt, bleibt auf ihnen sitzen; sie riechen wie eine Sammlung getragener Kleider.

6.3.4 *Die Theologie weiß von manchen berühmten Sentenzen.*

1 Tertullian galt als Kapazität in Sachen Sentenzen: quot verba, tot sententiae, heißt es von ihm.

1.1 Daß unschuldige Kinder der Taufe nicht eilends bedürfen, wird noch heute als Äußerung Tertullians aufs Examen gelernt.

1.2 Die Sentenzen des Tertullian waren haltbarer als seine Rechtgläubigkeit.

2 Im Mittelalter durften Privatdozenten nur die Sentenzen des Petrus Lombardus traktieren; sie wurden dann Sententiare genannt.

2.1 Nicht alle Sentenzen des Petrus Lombardus sind glänzend: sie glänzen am meisten, wo sie den Bischof von Hippo zitieren.

3 Die Stunde der Reformation schlug mit fünfundneunzig Sentenzen, die einer in Wittenberg an der Schloßkirchentüre anschlagen ließ.

3.1 Ob Luther die Thesen anschlug, kann man bezweifeln; die Stunde, die damit der Christenheit schlug, schlägt man kaum hoch genug an.

6.3.5 *Um in der Predigt mehr zu erreichen, versucht man, sie optimal zu codieren.*

1 Im Regelkreis lernt man die optimale Codierung: das Sagbare wird hantierbar gemacht.

2 Die vatikanische Kybernetik versteht sich am besten auf optimale Codierung, der oekumenischen will sie nur selten gelingen.

2.1 Der Transfer der Macht und der Worte geht in der Ewigen Stadt stets ex cathedra, unfehlbar und lateinisch von statten.

2.2 In der Völkerbundsstadt synchronisiert man die Kontinente und Sprachen, aber nicht ihre Konflikte, und predigt auch in Kathedralen oft fehlbar.

3 Die optimale Codierung verbessert die Sätze; was zwischen den Zeilen steht, fällt dem Belieben anheim oder aus.

3.1 Der sprachliche Mehrwert steht zwischen den Zeilen; niemand weiß, wo er bleibt, wenn der Zwischenraum zwischen lauter Kürzeln verschwindet.

3.2 Auch die Mutter Courage und der Schweizerkas hätten gerne gewußt, wo das Loch bleibt, wenn der Käse verzehrt ist.

4 Die optimale Codierung der Predigt bringt oft mehr zum Verschwinden als nur die Unvollkommenheiten der Predigt.

6.3.6 *Zu viele Sentenzen sind für eine Predigt nicht günstig.*

1 Die Predigt gibt ihren Hörern zu denken; wenn die Sätze allzugut sitzen, stellt man das Nachdenken ein.

2 Wenn die Predigt zu viele Sentenzen enthält, glänzt der Prediger mehr als die Predigt.

2.1 Wortspiele können wie Feuerwerk wirken: nachher sitzt man schnell wieder im Dunkeln.

3 Sentenziöses klingt tendenziös und prätentiös; was vielsagend sein will, kann leicht auch nichtssagend werden.

3.1 Manche Prediger lassen nur Sätze von allgemeiner Bedeutung vernehmen, doch kann man die Toleranz für geistliche Banalitäten auch überschätzen.

4 Sentenzen sind für den Dialog nicht geeignet: sie sitzen zu gut und wechseln die Plätze nicht gern.

5 In der üblichen Predigt sitzen die Sätze nur selten zu gut und häufig in Schachteln: noch ehe sie enden, weiß man ihren Anfang nicht mehr.

5.1 Wenn die Hauptwörter stimmen und die Zeitwörter sitzen, sind die Eigenschaftswörter entbehrlich.

6 Was auf den Begriff gebracht wird, ist noch nicht zum Leben gebracht.

7 Wo etwas zur Sprache kommt, was an der Zeit ist, begleitet es diese: als helfendes Wort.

6.3.7 *Die Predigt muß sich vor Schlagworten hüten.*

1 Der Prediger kann sich die gängigen Schlagworte sparen: seine Zuhörer kennen sie schon.

1.1 Aus Schlagworten können sich Totschlagworte entwikkeln: man kann das eigene Nachdenken, die Betrachtung der Dinge und das Ansehen anderer damit erschlagen.

1.2 Mancher schlägt lieber um sich als an seine eigene Brust.

2 Die Predigt wird öffentlich wenig beachtet: sie gibt keine Schlagzeilen her.

2.1 Schlagzeilen macht man nicht selber: sie müssen einschlägig und den Betroffenen unerwünscht sein.

2.2 Man kann am leichtesten Schlagzeilen machen, wenn man Schlagseite zeigt.

3 Eine Schlagseite ist eine Ausstattungsfrage: entweder ist man mit einem Charakter ausgestattet, der Schlagseite zeigt, oder wird man solange ausgestattet, bis dieser Fall eintritt.

4 Auch die Predigt hat einen Charakter, der Schlagseite zeigt: sie neigt sich zur Seite der Schwachen.

4.1 Die Schlagseite für die Schwächeren pflegt keine Schlagzeilen zu machen: das Elend ist unbeliebt und die Schuldfrage schwierig.

5 Die letzten Schlagzeilen, die einer macht, sind schwarzumrändert und machen ihm nicht mehr, wohl aber der Predigt zu schaffen.

5.1 Wenn es um schwarzumränderte Schlagzeilen geht, muß sich die Predigt besonders vor Schlagworten hüten; sie kann sie der Danksagungsbranche überlassen.

6.3.8 *Der Prediger soll sich auch vor den Fremdwörtern hüten und diese nur sparsam gebrauchen.*

1 Der Prediger macht sich mit vielen Fremdwörtern bekannt.

2 Um den Text zu verstehen, studiert man die Muttersprachen des biblischen Glaubens.

2.1 Um die Theologie zu verstehen, macht man sich mit der Sprache des abendländischen Denkens vertraut.

2.2 Um seine Zeit zu verstehen, erlernt man das Vokabular der Entfremdung.

3 Um zur Predigt zu kommen, vergißt man die Fremdsprachen wieder und sagt in der eigenen Sprache, was den Glauben und das Gewissen gewisser macht.

4 Wenn der Prediger unverständliche Worte gebraucht, denken die Zuhörer, daß er Dinge versteht, die sie nicht verstehen, oder daß er sie selbst nicht versteht.

4.1 Nur wer seine eigene Sprache beherrscht, kann sich Fremdwörter leisten.

5 Auch ohne Fremdwörter kann die Sprache der Predigt zur Fremdsprache werden.

5.1 Wenn die Predigt den Text als Perikope bezeichnet, kommt er dadurch den Hörern nicht näher.

5.2 Wenn der Prediger vom Gesetz spricht, denkt mancher Hörer ans Amtsgericht, und wenn er die Frohbotschaft rühmt, möchten einige mehr davon merken.

6 Viva vox e linguis mortuis: wo immer aus toten Sprachen eine lebendige Predigt entsteht, übersetzt sie sich selbst in die Sprache des Herzens.

6.3.9 *Das Evangelium ist stets an der Zeit; man erwartet es, daß eine Predigt nichts anderes predigt.*

1 Wenn man glaubt, daß das Evangelium allezeit an der Zeit ist, muß man es jeder Zeit sagen, wie es für sie verlautet.

1.1 Daß das Evangelium vor vierhundert Jahren wieder lauter ans Licht trat, wird meist lauter gesagt, als wie es heute verlautet.

2 Weil man das Evangelium aus der Bibel erlernt, halten sich manche ganz dicht an den Text und ganz fern von der Zeit: so fühlt man sich sicher.

2.1 Wenn sich die Predigt fern von der Zeit hält, bleibt auch das Evangelium fern von der Zeit und der Glaube bekennt das schon lange Bekannte.

2.2 Wer nicht über die Zeit, aber über den ganzen Text predigen will, predigt am Ende der Predigt über die Zeit.

3 Manche verlangen, daß man in jeder Predigt das volle Evangelium und nichts anderes predigt; es ist oft nicht einfach zu sagen, ab wann dieses voll genug ist.

3.1 Einige fragen besorgt, ob das volle kein anderes Evangelium als das gewöhnliche wäre.

4 Wenn das Ganze stets in die gleichen Formeln hineingehen soll, müßten diese ganz leer sein, doch läßt die Zeit die Worte und Formeln nicht leer.

5 Das volle Heil Gottes wird in der Bibel als pars pro toto beschrieben: als Teilnahme Gottes an unsrem beschädigten Leben.

5.1 Als Parteigänger des beschädigten Lebens steht die Predigt auch ein für die Zeit: für die helfende Wahrheit, das Ganze der Liebe und die Zukunft Gottes bei seinen Geschöpfen.

Über die Sprache der Predigt und das Reden in anderen Zungen

Daß der Prediger manchmal in anderen Zungen predigen möchte, aber nur seine eigne besitzt und über diese zuweilen auch stolpert. Daß man seine eigene Zunge gebrauchen kann, ohne die eigene Sprache zu finden und warum niemand sicher ist, ob er wirklich die Predigt des Predigers hört oder sie so hört, wie sie der Prediger meinte. Daß ein erfahrener Prediger nicht mehr stecken bleibt und die Predigt stets davon lebt, daß sie ihre Sprache mit den Ohren der Zuhörer lernt, um ihr Gewissen zu finden.

6.4 *Jeder Prediger wünscht, zu den Hörern in ihrer Sprache zu sprechen.*

6.4.1 *Einige Prediger haben den Wunsch, in anderen Zungen zu reden.*

1 Die Rede in anderen Zungen heißt Glossolalie; neuerdings wird sie als Sprachenrede bezeichnet.

1.1 Die Sprachenrede begeistert den Redner und verblüfft seine Hörer.

1.2 In der Sprachenrede ist der Verkehr mit der Überwelt rege, jedoch die Verständigung schlecht.

2 Der Apostel Paulus sah sich durch die Sprachenrede veranlaßt, zu Fragen der Hermeneutik und Apokalyptik Stellung zu nehmen.

2.1 Der Apostel gab der vernünftigen Rede den Vorzug sowie zu verstehen, selbst ein Zaungast müsse die Predigt verstehen.

3 Auch wer auf die Sprachenrede verzichtet, hält nicht unbedingt eine verständliche Predigt.

4 Das erste "Idion", das der Hörer der Predigt vernimmt, ist das Idiom dessen, der predigt.

4.1 Man denkt selten daran, daß es in den Predigten Luthers etwas thüringisch und bei Brenz etwas altfränkisch zuging.

5 Oft wünscht sich der Prediger, daß er tausend Zungen besäße, um mit den Zuhörern reden zu können.

5.1 Die Zuhörer haben zwar nicht den Wunsch, aber manchmal den Eindruck, es werde in anderen Zungen gepredigt.

5.2 Eine doppelzüngige Predigt wünscht niemand.

6.4.2 *Vielen Predigern macht ihre eigene Zunge zu schaffen.*

1 Wenn dem Prediger seine Predigt Vergnügen bereitet, wird seine Zunge beweglich; wenn er Angst vor ihr hat, wird die Zunge ihm schwer.

2 Seine künftige Predigt machte Mose mehr Angst als sein einstiger Steckbrief: er brauchte den Beistand des Priesters.

3 Die Zunge der Priester war immer besonders beweglich: sie können bei Hof protestieren und beim Goldenen Kalb assistieren.

4 Um Eindruck bei Hofe zu machen, führten Mose und Aaron die Dialogpredigt ein.

4.1 Man hat nicht erfahren, ob Aaron mehr zum Erfolg der Predigt und Mose mehr zur Verstockung des Pharao beitrug.

5 Über die eigene Zunge kann man leicht stolpern.

5.1 Wer sich häufig verspricht, muß kein vielversprechender Prediger sein.

6.4.3 *Verschiedene Umstände können der Predigt die Sprache verschlagen.*

1 Auch der Prediger muß seinen Acker im Schweiß seines Angesichtes bestellen und wird durch verschiedene Umstände an die Umstände in der gefallenen Schöpfung erinnert.

2 Dem Prediger fällt es manchmal nicht leicht, sich mit seiner eigenen Predigt zu identifizieren.

2.1 Dem Prediger fällt es manchmal noch schwerer, sich mit den Erwartungen seiner Zuhörer zu identifizieren.

3 Wenn dem Prediger die Akustik in leeren Kirchen zu schaffen macht, ist es nicht nur die Akustik, sondern die leere Kirche, die ihn dabei plagt.

4 Gelegentlich macht dem Prediger auch das Manuskript seiner Predigt zu schaffen: er kann seine eigene Schrift nicht mehr lesen.

4.1 Man soll vorher nachlesen, was man nachher vorlesen will.

4.2 Manchmal versteht man nicht mehr, was man liest, auch wenn man es selber geschrieben hat.

5 Wer die Predigt abliest, darf die Hörer nicht mit dem Zeigefinger bedrohen, sonst kommt er ganz aus dem Konzept.

5.1 Man kommt nicht mehr aus dem Konzept, wenn man keins hat, aber häufig wo anders heraus.

6 Ein schlechtes Gedächtnis macht den einen das Predigen schwer, den anderen leichter.

6.1 Wenn man vergessen hat, was man schon gesagt hat, kann man das Gesagte ganz ungeniert noch einmal sagen.

7 Mancher liest alles ab, bleibt aber trotzdem oft stekken.

7.1 Mancher predigt ganz frei und bleibt trotzdem nicht stecken: der Plattenwechsel erfolgt automatisch.

7.2 Bei erfahrenen Predigern predigt die Zunge selbständig weiter, auch wenn sie den Faden verlieren.

8 Wenn die Mühe der Predigt den Predigern nicht mehr zu schaffen macht, macht ihre Routine den Hörern zu schaffen.

8.1 Einige Prediger sollten zuweilen die Gnade des Steckenbleibens erbitten.

6.4.4 *Ob die Hörer die Predigt des Predigers hören, weiß dieser nicht sicher.*

1 Viele hören die Predigt so, wie sie meinen, daß sie der Prediger meine; wie dieser sie meint, meint man meistens schon vorher zu wissen.

2 Am liebsten hört jedermann in der Predigt, was er sich wünscht, und dies dann aus jeder heraus.

3 Wenn einer das, was er hören will, in der Predigt vermißt, vermißt er es bei dem betreffenden Prediger ständig.

4 Die Hörer sind selten imstand, der Predigt bei unerwünschten Gedanken zu folgen.

5 Das selektive Hören ist eine neue Vokabel für eine ältere Einsicht geworden, die schon die Propheten verdroß.

5.1 Ältere Einsichten werden für viele beachtlich, sobald man ein neueres Vokabular für sie findet.

6.4.5 *Auch die Zuhörer wissen nicht sicher, ob sie die Predigt des Predigers hören.*

1 Seit vielen Jahrhunderten wird über die gleichen Texte gepredigt.

2 Wenn man predigen muß, hat man das meiste von denen empfangen, die vorher schon predigen mußten.

2.1 "Was hast du, das du nicht empfangen hättest", lautet ein anthropologischer Kernsatz der Bibel; die Predigtgeschichte bringt ihn auf illustre Weise ans Licht.

3 Auch wer sich der Sprachenrede enthält, predigt häufig in anderen Zungen: er läßt die Stimmen der Väter vernehmen.

3.1 Die homiletische Demut bedankt sich für das empfangene Gut, die homiletische Eitelkeit hüllt sich darüber in Schweigen.

4 Wer fremde Weisheiten predigt, als wären es seine, tut besser daran, als wenn er den eigenen Irrtum so predigt, als wäre es keiner.

5 Die Prediger seufzen oft über verordnete Texte und kommen doch meistens auf diese zurück.

5.1 Bei ungewöhnlichen Texten nehmen die Hilfsmittel ab, und ohne Vorgänger wird ein Vorgang beschwerlich.

6 Irren ist menschlich; vor allem die Zunge irrt häufig.

6.1 Wo die Unfehlbarkeit zunimmt, nimmt die Menschlichkeit ab.

7 Für eine unfehlbare Predigt braucht man die fünfte Bitte des Vaterunsers nicht mehr, wohl aber die sechste.

6.4.6 *Nicht jeder Prediger spricht seine eigene Sprache.*

1 Die Sprache kommt jedem zuvor: wer sprechen lernt, macht die empfangene zu seiner eigenen Sprache.

2 Im Laufe der Jahre hat auch die Predigt sich ihre eigene Sprache geschaffen; wer diese gebraucht, der kann sie im Dutzend billiger haben.

3 Eine fertige Predigtsprache fertigt die Zuhörer ab.

4 Wer seine eigene Sprache entwickelt, läßt vieles unfertig bleiben; auch seine Zuhörer müssen dann ihre eigenen Ohren entwickeln.

5 Auf der Kanzel ist nur die persönliche Sprache authentisch und am echtesten, wenn sie ganz unauffällig daherkommt.

5.1 Was plump ist, wird auf der Kanzel noch plumper, und was zu persönlich gerät, kann dort indezent wirken.

6 Im Alten Bund wurden fertige Schriftgelehrte bevorzugt, im Neuen haben auch Dilettanten Verheißung.

7 Ein eigener Stil schafft sich seine eigene Stille.

6.4.7 *An der Sprache erkennt man den Mann auf der Kanzel.*

1 "Deine Sprache verrät dich", hat die Stimme des Volkes dem fehlbaren Vorgänger aller unfehlbaren Päpste bescheinigt.

2 Wenn der Prediger in der Sprache der Wissenschaft predigt, geht der Glaube auf Stelzen.

3 Wenn der Prediger sein Niveau überzieht, bringt es die Sprache alsbald an den Tag.

4 Wenn sich der Prediger nur als Sprachrohr seiner Dogmatik empfindet, bekommen die Hörer den Eindruck, daß er sich im Vollbesitz richtigen Glaubens befindet.

4.1 Mitteilungen über den Vollbesitz richtigen Glaubens teilen diesen nicht mit.

5 Wenn der Prediger nur noch die Sprache des Glaubens beherrscht, lehrt seine Predigt nur Glaubende glauben.

5.1 Um zum Glauben zu helfen, muß man ihn auch in der Sprache des Unglaubens denken und weitererzählen.

6 Wenn der Prediger nichts von sich mitteilt, teilt auch seine Sprache nichts aus, und wo diese nichts austeilt, vertrocknet die Predigt.

Über die Redundanz in der Predigt und das Amen, mit dem sie meist endet, sowie über andere Weisen, sie darzubieten

Daß Tautologien zur Redundanz einer Predigt gehören und Kurzschlüsse keine Seltenheit sind, sie aber erst, wenn es Amen heißt, endet. Daß man die Predigt auch anders darbieten kann, zum Beispiel im Rundfunk oder manchmal zu zweien und viele die Hoffnungen auf jenen Lernprozeß setzen, von dem mancher denkt, daß die Predigt ihn auslösen sollte.

6.5 *Zur Darbietung einer Predigt gehört, daß sie rechtzeitig endet.*

6.5.1 *Der Prediger weilt gerne länger in seiner Predigt als seine Hörer.*

1 Wer zu lang in der Predigt verweilt, vertieft nur die Langeweile der Hörer.

2 Das einzige, was eine langweilige Predigt in aller Kürze bewirkt, ist Langeweile.

2.1 Die Langeweile kann schon bei den ersten Sätzen der Predigt beginnen.

3 Daß Langeweile Langeweile bewirkt, ist eine Tautologie, aber auch eine Erfahrung.

3.1 Die Erfahrung zeigt, daß vor allem die Tautologien die Predigt verlängern.

4 Die Tautologie ist ein Satz aus zwei Sätzen, von denen der zweite etwas anderes sagen will als der erste, es aber nicht tut.

4.1 Mit Tautologien kann man die Predigt verlängern und ihre Probleme verkürzen; zu Klärungen führen sie nicht.

5 Im Redefluß einer Predigt stellen die Tautologien den Überfluß dar; wenn sie nur noch aus solchen besteht, ist sie ganz überflüssig geworden.

6 Die Redundanz einer Predigt wird von der Wissenschaft nach der Zahl ihrer Tautologien bemessen.

6.1 Die Zuhörer merken es ohne die Wissenschaft, wenn eine Predigt überflüssig zu werden beginnt.

6.5.2 *Auch Kurzschlüsse können die Predigt langweilig machen.*

1 Tautologien und Kurzschlüsse sind miteinander verwandt: sie halten sich beide für schlüssig.

1.1 Aus Tautologien folgt nichts, aus Kurzschlüssen nicht, was sie möchten.

2 Mit Kurzschlüssen kann man jedes Problem in der Predigt und diese selber verkürzen.

2.1 Kurzschlüsse verkürzen die Fronten, halten aber den Gegner nicht auf.

3 Kurzweil ist schön, aber selten: wer viel kurzschließt, der langweilt am schnellsten.

4 Beim ersten Kurzschluß reagiert man noch freundlich: man repariert die Leitung auf eigene Kosten; wenn weitere folgen, legt man den Hörer ganz auf.

5 Wenn gegen Ende der Predigt dieses lang ausbleibt, gibt man sich auch mit einem Kurzschluß zufrieden.

6.5.3 *Die Darbietung einer Predigt währt bis zum Amen.*

1 Das Amen spielt in der Predigt eine bedeutende Rolle: ehe es Amen heißt, muß man etwas sagen, auch wenn man nichts mehr zu sagen hat.

1.1 Wenn die Predigt nicht fertig ist, ehe sie anfängt, läßt das Amen oft lang auf sich warten.

2 Was immer die Hörer von einer Predigt erwarten: das Amen erwarten sie alle und meistens schon früher.

2.1 Man soll das Amen den Zuhörern gönnen, bevor sie's ersehnen.

2.2 Wenn die Zuhörer an kein Ende der Predigt mehr glauben, muß die Predigt selbst daran glauben.

3 Über die beste Zeit für den Predigtbeginn macht man sich wenig Gedanken, über die beste Zeit für ihr Ende denkt man oft nach.

4 Einige lassen das Amen entfallen, um es auch einmal anders zu machen.

5 Das Amen zählt zu den wenigen Sicherheiten, die die Kirche gewährt.

5.1 Wenn das Amen entfällt, fällt den Zuhörern ein, wie viele abendländische Sicherheiten heute entfallen.

6.5.4 *Amen ist ein hebräisches Wort, welches Zustimmung ausdrückt.*

1 Beim Amen ist an die Zustimmung durch die Gemeinde gedacht.

2 Der Prediger spricht das Amen am liebsten selber: er kann es dann fein zu seiner Zeit sagen.

3 Wenn der Prediger Amen sagt, stimmt er der Predigt sowie der Tatsache zu, daß sie jetzt endet.

3.1 Wenn der Prediger Amen sagt, stimmen ihm auch die Zuhörer zu: die einen sind mit der Predigt, die andern mit ihrem Ende zufrieden.

4 Das Amen sagt über die Wirkung der Predigt nichts aus.

4.1 Nach dem Amen kann man das Schweigen der Hörer als ergriffenes oder erleichtertes Schweigen betrachten.

5 Eine Predigt, die immer mit Zustimmung rechnet, wirkt sorglos; wenn sie Widerspruch findet, hat sie stärker gewirkt.

5.1 Einen Widerspruch, den die Predigt nicht vorträgt, trägt man ihr nach: meist provoziert sie den Widerspruch, den sie verschweigt.

5.2 Wenn die Predigt sich selbst widerspricht und dies nicht wahrhaben will, lohnt sich kein Widerspruch mehr.

6 Wie man Zustimmung ausdrückt, hat das Amen auf oekumenischer Basis geregelt; wie man Widerspruch ausdrückt, ist agendarisch noch offen.

6.5.5 *Der Prediger sollte nicht erst beim Amen an seine Zuhörer denken.*

1 Der erste Gang, den die Predigt nehmen will, ist der Gehörgang der Hörer.

1.1 Den Leuten aufs Maul zu schauen nützt wenig, wenn man dabei ihre Ohren vergißt.

2 Daß der Glaube vom Hören kommt, hat schon Paulus versichert.

2.1 Daß der Prediger sich um die Hörer und um die Nichthörer kümmert, ist ihm durch die Liebe geboten.

3 Das Publikum Gottes ist eine gemischte Gesellschaft, so hofft man; der Prediger sollte sie nicht aus den Augen verlieren.

4 Wenn die Predigt Veränderungen empfiehlt, empfiehlt sich's besonders, an ihre Hörer zu denken: man hat sie vergessen, wenn der Prediger Dinge verlangt, die sie nicht ausführen können.

5 Daß Veränderungen im Fernen Osten und Wilden Westen herbeigeführt und die Slums von Kalkutta saniert werden müssen, leuchtet jedermann ein.

5.1 Wenn die Predigt auch Dorfprobleme berührt und empfiehlt, vor der eigenen Haustür zu kehren, geht sie einigen Hörern zu weit.

6 Wer Veränderungen erstrebt, erwägt, wie erwünscht sie erscheinen; wer sie durchführen soll, erwägt, wie gewagt sie wohl wären.

7 Wenn man bei Durchsicht der eigenen Absichten ihrer Aussichten ansichtig wird, sieht man gern davon ab.

6.5.6 *Man kann seine Predigt den Hörern auch anders darbieten, zum Beispiel im Rundfunk.*

1 Die Art der Predigt, die einer hält, kann man am leichtesten daran erkennen, wie er's mit dem Amen hält.

2 Wenn das Amen nur einmal vorkommt und auf sich warten läßt, hat man die übliche Sonntagspredigt gehalten.

3 Wenn man die Predigt vermindert und das Amen vermehrt, bietet man einen Liturgischen Gottesdienst dar.

4 Wenn sich die Predigt vermindert und das Amen entfällt, spricht man ein Geistliches Wort.

4.1 Wenn das Geistliche Wort durch den Rundfunk geht, wird eine Aktuelle Botschaft daraus.

4.2 Geistliche Worte müssen nicht immer Worte von Geistlichen sein; von Laien gesprochen können sie besser, schlimmer oder genau so ausfallen.

4.2.1 Oft wollen die Laien die Geistlichen noch an Geistlichkeit übertreffen, während die Geistlichkeit sich lieber weltmännisch gibt.

5 Wenn Freikirchen Sendetag haben, sind Kurzandachten zu hören, doch können auch diese Längen aufweisen.

6 In der katholischen Sendezeit wünscht die Kirche, die Stimme der Kirche zu hören, ist aber von ihrer Stimme im Rundfunk nicht immer entzückt.

7 Von den Kirchen wird die Sendung im Rundfunk mit der Sendung der Kirche begründet, von der Gesellschaft mit den Lücken in ihrer Moral.

7.1 Durch die Sendung im Rundfunk hat jeder die Predigt frei Haus und die Möglichkeit, ihr das Wort zu entziehen.

7.2 Die kirchliche Radioaktivität wird verschieden beurteilt: die technische kann die menschliche Ausstrahlung nicht voll ersetzen.

7.3 Als man den Kindern Israel alle Bilder verbot, ahnte noch niemand, wie telegen mancher Prediger ist.

6.5.7 *Mancher bietet zur Darbietung einer Predigt noch einen zweiten Prediger auf.*

1 Eines Mannes Rede ist keines Mannes Rede, erklärt das Sprichwort; auf zweier Zeugen Mund bestehe ein Zeugnis, fügt die Bibel hinzu.

2 Um des Glaubens und um der Abwechslung willen sucht mancher die Einmannrede zur Wechselrede zu machen.

2.1 Man kommt leichter zur Wechselrede mit einem anderen Prediger als zum Wortwechsel mit der Gemeinde.

2.2 Wenn zweie sich in das Predigen teilen, sind ihre Hörer erfreut; wenn sich dabei die Predigt verdoppelt, sind sie's nicht mehr.

3 Eine Predigt aus zwei Monologen ist kein Dialog, und ein freies Predigtgespräch ist ebenso selten wie schwierig.

3.1 Wenn zwei in der Predigt dasselbe sagen, kommt kein echtes Gespräch, und wenn sie das Gegenteil sagen, kommt eine echte Verwirrung zustande.

4 Wenn beide einander beim Predigen widersprechen, sucht jeder dem andern ein neues Stichwort zu geben.

4.1 Wenn einer beim Predigtgespräch den advocatus diaboli spielt, wird er häufig auch später für diesen gehalten.

5 Wenn beim Predigtgespräch der eine ein Theologe und der andre ein Laie ist, haben meist beide Komplexe.

6 Wenn beide Prediger wohlbeleibt sind, kann es Schwierigkeiten bereiten, auf einer Kanzel zu stehen.

7 Die Predigt braucht Glück, um zu glücken; eine Predigt zu zweien braucht doppeltes Glück.

6.5.8 *Wenn der Hörer die Predigt noch vor sich hat, nachdem sie der Prediger hinter sich hat, ist sie gelungen.*

1 Aus der Predigt ergibt sich, so hofft man, ein Lernprozeß; manchmal auch bloß ein Gerede.

2 Die Predigt kann zu einem Lernprozeß führen, wenn sie nicht bloß für sich, sondern auch für den Prediger spricht: die Zuhörer sollten auf diesen zurückkommen können.

3 Mancher sucht sich schon während der Predigt weiterzubilden.

3.1 Der Spatz in der Hand ist besser als eine Taube, die auf dem Dach sitzt; wenn einem die Stunde schlägt, kann er in einer halben Stunde viel lernen.

4 Andere denken während der Predigt nur an den Lernprozeß, der ihr nachfolgen soll; die Predigt fesselt sie nicht.

4.1 Wer den Lernprozeß nach der Predigt erwartet, gibt oft den Spatz aus der Hand und bemüht sich vergeblich, die Taube, die auf dem Dach sitzt, zu fangen.

5 "Die von Beröa waren edler als die zu Thessalonich: sie durchforschten täglich die Schrift, ob sich's also verhielte".

5.1 "Gehe hin auf diesmal; zu gelegener Zeit will ich dich wieder herrufen lassen", sagte Felix zu Paulus.

5.2 Die gelegene Zeit kommt nicht wieder, wenn jemand den Lernprozeß aufschieben will.

Von den Predigern und dem Dilemma der Amtsperson

Daß die Pfarrer auch Menschen sind und sich aus den amtlichen Schwierigkeiten mit ihrer Menschlichkeit manches Dilemma ergibt. Daß der Prediger das Dilemma der Amtsperson oft theologisch auflösen und man ihn auch in der Gemeinde jetzt theologisch begutachten will, wobei ihr Helfer von auswärts zuvorkommend beistehen wollen. Daß man bei theologischen Unterscheidungen scharfsinnig und bei kirchlichen Scheidungen lieber behutsam verfahren und der Menschlichkeit Gottes eingedenk bleiben soll.

7 *Der Prediger kommt immer zuerst.*

7.1 *Der Prediger geht der Gemeinde in allen Stücken voran.*

7.1.1 *Der Vorgang des Predigers ist im Vorrang der Predigt begründet und drückt keinen Vorrang des Predigers aus.*

1 Bevor man den Prediger hört, erlebt jedermann seine Erscheinung.

1.1 Die Erscheinung des Predigers wird beim dritten Liedervers offensichtlich erwartet.

1.2 Die Erscheinung des Predigers läßt erwarten, daß alles so vor sich geht, wie man erwartet.

2 Küster und Kantor erscheinen schon früher, doch treten sie nicht in Erscheinung.

2.1 Für den Küster ist keinerlei Auftritt geplant; nur wenn er zu spät kommt, kommt es später dazu.

2.2 Der Kantor fällt immer nur auf, wenn er fehlt; er steht vor dem Chor und kehrt der Gemeinde den Rücken.

3 Wenn der Prediger vor der Gemeinde erscheint, dann tritt er ihr stets gegenüber.

3.1 Wenn der Prediger auf der Kanzel erscheint, dann erhebt er sein Angesicht über die ganze Gemeinde.

3.2 Ob der Prediger amtsbewußt oder bescheiden auftritt, spielt keine, ob ein bedeutender oder ein unbedeutender Prediger auftritt, spielt eine entscheidende Rolle.

4 Ein Vorrang des Predigers vor der Gemeinde wird von den protestantischen Amtstheorien bestritten; er bleibt deshalb ganz auf die Praxis beschränkt.

5 Der Prediger befindet sich immer im Informationsvorsprung vor der Gemeinde.

5.1 Der Prediger erhält das Amtsblatt als erster und wird für die Zeit bezahlt, die er braucht, um es zu lesen.

5.2 Der Prediger hat sich auch vorher schon mit dem Text seiner Predigt verständigt, was dieser sagen und welche Fragen er zulassen soll.

6 Auch die Gemeinde besitzt einen Informationsvorsprung vor dem Pfarrer: über die Wirkung der Predigt weiß sie besser als dieser Bescheid.

7 Der Prediger muß hinter manches erst kommen, was außer ihm jedermann weiß.

7.1.2 *Bevor der Prediger in der Gemeinde erscheint, kommen ihm andere Leute zuvor.*

1 Daß eine Gemeinde Recht und Macht habe, über die Prediger und ihre Lehre ein Urteil zu fällen, hat Luther mit starken Worten behauptet und in schwachen Stunden bezweifelt.

1.1 Ein Urteil über die Lehre zu fällen fällt umso schwerer, je besser sich einer auf diese versteht.

1.2 Ein Urteil über den Pfarrer zu fällen, fällt umso leichter, je schlechter sich einer mit diesem versteht.

2 Um sich ein Urteil über die Predigt zu bilden, muß die Gemeinde erfahren, wie der Text und wer sonst in ihr vorkommt.

2.1 Um sich ein Urteil über den Pfarrer zu bilden, muß die Gemeinde erfahren, wie er in seiner Predigt dem Text und im Leben der Predigt nachkommt.

2.2 Oft will die Gemeinde von ihrem Pfarrer auch wissen, wie seine Nachkommen seiner Predigt nachkommen.

3 Der Gemeinde fällt es nicht leicht, zu erkennen, wie ihr Pfarrer zu Bult- oder Molt- oder Käsemann steht.

3.1 Damit die Gemeinde erfährt, wo ihr Prediger steht, kommen ihr Leute von auswärts zu Hilfe und dem Pfarrer zuvor.

3.1.1 Wenn man weiß, wo der Prediger steht, weiß man auch, wie man selbst zu ihm steht.

4 In der Bibel kommen die großen Propheten stets vor den kleinen zu stehen, in der Gemeinde kommen die kleinen Propheten oft vor den großen zu Wort.

4.1 Die großen Propheten müssen oft sagen, was sie nicht wollen, die kleinen Propheten wollen meist sagen, was sie nicht müssen.

5 Man will nichts gesagt haben, sagt man, wenn alles gesagt ist.

7.1.3 *Die Theorien der Predigt nehmen vom Prediger wenig Notiz.*

1 Die Theorien der Predigt sind mit dieser beschäftigt; der Prediger selber fällt kaum ins Gewicht.

2 Wer häufig zur Kirche geht, schätzt das Gewicht der Predigt sehr hoch; wer seltener geht, schätzt das Gewicht des Predigers höher.

2.1 Wer nicht mehr zur Kirche geht, dem kann der Prediger so gewogen bleiben wie seine Predigt.

3 Für die Theorie ist der Prediger immer der Zeuge der Predigt, für die Praxis ist er ihr Dauerproblem: sie bringt seine Menschlichkeiten ins Spiel.

7.1.4 *Der Prediger ist eine Amtsperson.*

1 Bei einer Amtsperson haftet die Amtlichkeit an der Person und die Persönlichkeit gänzlich am Amt.

1.1 Die Amtsperson wird die Amtsperson auch im Ruhestand nicht mehr los; selbst in der letzten Ruhe bleibt es dabei.

2 Die Amtsperson kommt dem Prediger immer zuvor und geht ihm auf all seinen Amtswegen nach.

3 Bei der Amtsperson tritt die Persönlichkeit amtlich hervor und persönlich zurück.

3.1 Die Amtsperson predigt persönlich, was sie auch amtlich, und amtlich, was sie persönlich vertritt.

4 Wenn die Amtlichkeit eines Predigers seine Menschlichkeit überhöht, bewegt er sich überall feierlich wie in der Kirche.

4.1 Das Amt verlangt es vom Prediger nicht, daß er unmenschlich auftritt, verführt aber manchmal dazu.

5 Wo die Menschlichkeit eines Predigers seine Amtlichkeit unterläuft, kann er sich nur wie auf Glatteis bewegen.

5.1 Je eifriger man seine Menschlichkeiten hinter den Amtlichkeiten versteckt, desto eifriger suchen die Leute danach.

6 Auch wenn einen Prediger alles verläßt, die Amtlichkeit bleibt sein Dilemma: er kann sich nur auf die Menschlichkeit Gottes verlassen.

7 Die Menschlichkeit Gottes ist das amtliche Thema der Predigt.

7.1 Die Menschlichkeit Gottes läßt sich auch amtlich nur menschlich vertreten.

8 Ohne die Menschlichkeit Gottes wirkt seine Göttlichkeit immer fatal, ohne die Göttlichkeit Gottes wirkt seine Menschlichkeit nur noch banal.

9 Die Menschlichkeit Gottes begründet die Predigt und läßt auch den Glauben vernünftig erscheinen.

9.1 Ohne Vernunft wird der Glaube fanatisch, ohne den Glauben wird die Vernunft melancholisch.

7.1.5 *Der Prediger, der eine bessere Menschlichkeit predigt, zeigt seine eigene vor.*

1 Wo immer der Prediger sich auf die Menschlichkeit Gottes beruft, wünscht man, es stünde um seine eigene Menschlichkeit besser.

2 Ein Prediger kann nicht alle Wünsche erfüllen: seine Predigt genügt den Erwartungen selten, seine Menschlichkeit nie.

3 Als Prediger soll man sich stets auf der Höhe der Kanzel befinden, den Streit vermeiden und überall Milde verströmen.

3.1 Als Prediger soll man nur Meinungen tadeln, die keiner der Hörer vertritt.

3.2 Als Prediger soll man den Zweifel nur kennen, um ihn widerlegen zu können.

3.3 Als Prediger hat man für den Leib Christi zu sorgen, den Gliedern des Leibes jedoch nicht zu nahe zu treten.

4 Jeder weiß, daß ein Pfarrer auch nur ein Mensch ist, aber wenn es herauskommt, wollen die meisten nichts mehr davon wissen.

4.1 Wenn die Menschlichkeit eines Predigers in seine Amtlichkeit eingeht, ist man von ihr begeistert; wenn sie aus ihr hervorgeht, ist man es nicht.

4.2 Wenn dem Prediger seine Menschlichkeit selber gefällt und er sie zur Schau trägt, schaut wenig heraus.

4.3 Wenn der Prediger meint, er könne mit seiner Menschlichkeit neue Gedanken erwecken, weckt er meistens nur ältere Anstöße auf.

4.4 Wenn der Prediger seine Menschlichkeit nur auf Verlangen vorzeigen will, erlebt er, wie wenig man danach verlangt.

5 Viele wünschen, der Prediger sollte ein besserer Mensch sein, aber wenn er es sein will, dann nimmt man's ihm übel.

5.1 Schon manche Wünsche der Frommen sind fromme Wünsche geblieben.

7.1.6 *Die Prediger trachten am liebsten danach, das Dilemma der Amtsperson theologisch zu lösen.*

1 Als Prediger soll man auf amtlichen Wegen allein nach dem Reiche Gottes und seiner Gerechtigkeit trachten; das übrige fällt ihm dann immer mehr zu.

2 Als Prediger trachtet man auf seinen amtlichen Wegen nach allem fast immer allein; vom übrigen fällt immer weniger weg.

3 Als Prediger fühlt man sich häufig mit Schmerzen, oft auch am liebsten und manchmal am stärksten allein.

4 Viele Prediger trachten danach, eine theologische Existenz zu gewinnen; das andere fällt dann meist unter den Tisch.

4.1 Die theologische Existenz eines Predigers ist etwas amtlicher als seine menschliche und etwas menschlicher als seine amtliche Existenz.

4.2 Die theologische Existenz eines Predigers läßt sich als Schnittpunkt seines menschlichen Dichtens mit seinem amtlichen Trachten betrachten.

4.3 Die theologische Existenz eines Predigers bleibt in der Schwebe zwischen der Menschlichkeit Gottes und der Amtlichkeit seiner Diener.

5 Die theologische Existenz eines Predigers ist die mittlere Feststellung seiner Amtsperson und hebt das Dilemma der Amtsperson in sich auf.

7.1.7 *Auch die Gemeinden trachten danach, das Dilemma der Amtsperson theologisch zu lösen.*

1 In jeder Gemeinde muß man dem Prediger einige menschliche und einige amtliche Schwächen nachsehen.

2 In manchen Gemeinden will man vor allem nachsehen, ob man dem Prediger seine Theologie nachsehen kann oder vorhalten muß.

3 Sobald die theologische Nachsicht Gutes für ihn ergibt, geht die Gemeinde nachsichtig mit ihrem Prediger um.

3.1 Man denkt an die schwierige Gattin des Predigers, an seine Jugend, an seine schwache Gesundheit und hofft, er werde sich weiterbilden und reifen.

3.2 In der richtigen Richtung kommt selbst ein Kamel durch ein Nadelöhr: aus jeglichem Mangel erwächst ihm ein mildernder Umstand.

4 Wenn die theologische Nachsicht Bedenkliches für ihn ergibt, läßt die Nachsicht mit ihrem Prediger in der Gemeinde rasch nach.

4.1 Man erwartet beim Alter des Predigers etwas mehr Reife, bei seiner Gesundheit mehr Leistung und von seiner Weiterbildung nichts Gutes.

4.1.1 Das Orgelspiel seitens der Pfarrfrau wird zwar dankbar geschätzt und spart Kosten, kann aber die Mißlichkeit seiner Verkündigung nicht übertönen.

4.2 In der verkehrten Richtung kommt keine Mücke durchs Sieb; aus jeglichem Mangel erwächst dann der mißlichste Umstand.

5 Die Theologie fällt nicht mit der Lehre und diese nicht in sich zusammen, wenn in der Predigt noch einiges offen bleibt.

5.1 Wer wegen der Lehre mit der Theologie und der Predigt des Predigers kurzen Prozeß machen will, bringt sich selber um den Prozeß, in welchem sich beide befinden.

6 Die Theologie ist wie die Predigt beständig in jenem Prozeß, den die Lehre der Kirche teils hinter sich und teils schon wieder vor sich hat.

7 Bei theologischen Unterscheidungen soll man mit Scharfsinn, bei kirchlichen Scheidungen lieber behutsam verfahren.

7.1 Geschiedene Ehen fallen den Kindern, geschiedene Kirchen den Kindern Gottes zur Last.

Vom Umgang der Prediger, insbesondere untereinander

Daß die Prediger sich als Brüder oder als Amtsbrüder oder auch als Kollegen betrachten und es nicht immer ein Glück für sie ist, wenn sie unter demselben Dach wohnen. Daß es oft schwierig ist, dem Umgang Jesu zu folgen und alle mit Gläubigen und mit Ungläubigen und mit den Kindern Gottes im Zwischenraum umgehen müssen. Daß einige konfessorischen, andere lieber ironischen Neigungen folgen oder solche entwickeln, die Ironie jedoch für die Predigt nur taugt, wenn man sie irenisch gebraucht.

7.2 *Daß Brüder einträchtig beieinander wohnen, wird in der Bibel als fein und lieblich gepriesen.*

7.2.1 *Daß Amtsbrüder einträchtig beieinander wohnen, ist gleichfalls als lieblich, wenngleich nicht als üblich zu preisen.*

1 Die meisten Prediger haben sich in das landeskirchliche, einige auch in das Ortskirchendach mit einander zu teilen.

2 Wenn mehrere Prediger unter demselben Pfarrhausdach wohnen, sind die Abstände klein und ihre Familien am Verlust ihrer Eintracht beteiligt.

3 Ein gemeinsames Dach kann nicht alles bedecken, was man unter ihm aufdecken kann.

7.2.2 *Amtsbrüder denken immer sehr hoch von der Brüderlichkeit.*

1 Der Predigerstand ist wegen des hohen Standes der Kanzel zu den höhergestellten Ständen zu rechnen.

2 Als Prediger steht man allein auf der Kanzel und denkt oft so hoch von der Brüderlichkeit, daß man keine Brüder mehr findet.

2.1 Die geringeren Brüder sind mühsam und meist weiter unten zu finden.

3 Man wäre gern brüderlich, wenn die Brüder nicht wären; man beklagt zwar die Einsamkeit, aber wenn die Kollegen erscheinen, zieht man sich zurück.

4 Wer seinen Amtsgenossen rein amtlich betrachtet, sagt Herr Amtsbruder, und wer sich geistlich mit ihm versteht, sagt Herr Bruder zu diesem.

4.1 Wer Herr Kollege zu seinem Amtsbruder sagt, denkt weltlicher oder wartet noch ab.

4.2 Wenn Amtsbrüder höherer Ränge zugegen sind, hat sich die Anrede "liebe Herren und Brüder" bewährt.

4.3 Einen eigenen Namen bekommt man als Prediger erst, wenn man die Kanzel mit einem Kollegen teilt und die Presse es meldet.

5 Zwar beginnen die meisten Händel per Zufall, doch werden dann unter Kollegen bald ständige Einrichtungen daraus.

5.1 Wenn einer Händel bekommt, bekommt er auch ein Gefolge.

5.2 Statt die Wogen zu glätten, gießen törichte Jungfrauen lieber ihr Öl in das Feuer.

7.2.3 *Amtsbrüder sind durch ihr Amt miteinander verbunden und durch verschiedene Neigungen von einander getrennt.*

1 Von Predigern wird das Vergängliche immer sub specie aeternitatis betrachtet.

1.1 Wenn Prediger auch die Geschäftsordnung immer sub specie aeternitatis betrachten, können die Differenzen beschwerlich und langwierig werden.

2 Wenn die Prediger ihre theologischen Schuldifferenzen sub specie aeternitatis betrachten, kommen einige leichter und andere schwerer darüber hinweg.

2.1 Wenn die Prediger ihre politischen Differenzen sub specie aeternitatis bewerten, kommen sie nicht mehr darüber hinweg.

3 Wenn Prediger durch verschiedene Neigungen von einander getrennt sind, entstammen diese meist ihren verschiedenen Temperamenten und nicht den verschiedenen Theologien.

3.1 Die Prediger mit konfessorischen Neigungen bilden die Mehrzahl: sie verachten die menschlichen Schwächen, sind zum Bekennen geneigt und werden im Notfall heroisch.

3.2 Die Prediger mit ironischen Neigungen folgen mit Abstand: sie werden ironisch, soweit sie die menschliche Schwachheit durchschauen.

4 Wer zum Bekennen neigt, nimmt die Kanzelvollmacht in Anspruch und sich selber immerzu ernst.

4.1 Man fragt sich oft, wo es für einen, dem's immerzu ernst ist, noch ernst werden kann.

5 Wer seinen ironischen Neigungen folgt, nimmt auch die Bankvollmacht derer, die auf der Kirchenbank sitzen, in Anspruch und sich selber nicht ganz so wichtig.

5.1 Man fragt sich, ob einer, der meistens ironisch ist, seine Hörer noch in die Pflicht nehmen kann.

6 Wer zum Bekennen geneigt ist, setzt die menschliche Stärke aufs Spiel und sich selber in Szene.

6.1 Wer sich ironisch verhält, spielt mit den menschlichen Schwächen und verbirgt seine eignen dahinter.

6.2 Bekenner stellen sich selber bloß und entblößen dadurch die andern; Ironiker stellen die anderen bloß und entblößen dabei auch sich selber.

7 Wer konfessorische Neigungen hat, zieht eine vereinfachte Ansicht der größeren Übersicht vor; wer ironischen Neigungen folgt, legt auf die Übersicht wert und begnügt sich mit dieser.

7.1 Der eine sieht nur den Baum, den er fällen will, und den Wald nicht, in welchem er wächst; der andere findet vor lauter Wald seinen Baum nicht mehr, den er zu fällen gedachte.

7.2.4 *Die Prediger sollten nicht nur mit dem Glauben, sondern auch mit den Gläubigen umgehen können.*

1 Der Prediger hat mit dem Glauben Umgang zu pflegen; wenn er diesen umgeht, wird er von den Gläubigen selber umgangen.

2 Manche Prediger ziehen den Umgang mit ihrem Glauben dem Umgang mit ihren Gläubigen vor.

2.1 Statt ihren Gläubigen mit dem Glauben voranzugehen, sind einige Prediger Anfänger ihres Glaubens und seiner Anhänger geworden.

3 Viele Gläubige bleiben am liebsten ganz unter sich und so ihres Glaubens gewisser: sie leiden nicht an den Problemen der andern, sondern nur daran, daß diese nicht glauben.

4 Die wahren Gläubigen haben Seltenheitswert; wenn sie's allzugut wissen, dann sind sie's nicht mehr.

4.1 Das Gefühl, die kleine Herde zu sein, kann ein ganzes Stadion füllen.

5 Oft tritt der Glaube dem Prediger oder auch dieser den Gläubigen etwas zu nahe.

5.1 Wem der Glaube zu nahe geht, der braucht Abstand und manchmal auch eine dickere Haut; wer den Gläubigen öfters zu nahe tritt, braucht dasselbe.

5.2 Im Abstand kann man die Mängel des eigenen Glaubens und die Vollkommenheiten der anderen leichter ertragen.

6 Weil ihm der Glaube zu nahe ging, konnte ein großer Däne kein Prediger werden; er wurde es andersherum: durch die Ironie.

7 Man muß mit dem Allzumenschlichen umgehen lernen, wenn man menschlich mit anderen umgehen will.

7.2.5 *Die Prediger sollten auch mit dem Unglauben und mit den Ungläubigen umgehen können.*

1 Die meisten Ungläubigen ziehen den Umgang mit Predigern nicht in Betracht und auch die Gläubigen werden von ihnen umgangen.

2 In früheren Zeiten war nur der Glaube erlaubt; die Ungläubigen hatten darunter manches zu leiden.

3 Wie ungläubig die Ungläubigen sind, ist nicht sicher; oft sind sie nur Anhänger ihres Unglaubens geworden.

3.1 Auch die Ungläubigen bleiben am liebsten für sich und so ihres Unglaubens desto gewisser; sie leiden nicht an den Problemen der Gläubigen und oft auch nicht daran, daß sie nicht glauben.

4 Den Unglauben hält man für eine Massenerscheinung; echte Ungläubige haben Seltenheitswert.

5 Oft verstünden die Prediger besser, vom Glauben zu reden, wenn sie den Unglauben besser verstünden.

6 Einige Prediger möchten den Glauben umgehen, um mit den Ungläubigen Umgang zu pflegen.

6.1 Wenn die Predigt den Glauben umgeht, um auf den Unglauben einzugehen, weiß dieser nicht, was die Predigt noch soll.

7 Wenn ein Prediger seinen Glauben bekennt, geht ihm der Unglaube mit Respekt aus dem Wege.

7.1 Wenn ein Prediger sich ironisch verhält, sieht ihm der Unglaube nicht ohne Skepsis entgegen.

7.2.6 *Die Ironie taugt nur dann für die Predigt, wenn sie dadurch irenischer wird.*

1 Die Ironie ist ein schwieriger Bundesgenosse der Predigt: meist erregt sie nur Unmut.

1.1 Man kann sich der Ironie nur bedienen, wenn man sie und sich selber beherrscht; wer von ihr beherrscht wird, hat sie offenbar nötig.

2 Die Ironie läßt sich nur durch die Güte beherrschen, sonst läßt sie die Kinder verstummen.

2.1 Das schärfere Auge sieht vieles schärfer, das gütige vieles viel besser.

3 Wenn die Ironie dazu hilft, daß die Leute sich menschlich benehmen, bescheiden bleiben und das Lachen nicht gänzlich verlernen, kann sie anmutig wirken.

3.1 Wenn sich der Hochmut ironisch verkleidet, erträgt man ihn leichter, als wenn er sich hinter der Demut versteckt.

4 Zuweilen kann nur noch die Ironie das Irenische unter den Leuten vermehren.

4.1 Die Ironie kriecht durch Ritzen, geht unter die Haut und findet auch in der Eisernen Mauer ein Schlupfloch.

7.2.7 *Die Prediger sollten den Umgang Jesu bedenken.*

1 Am Umgang Jesu hatten viel viel auszusetzen; jedem fiel auf, wie oft er mit den Verkehrten verkehrte.

2 Viele Christen wünschten sich lieber, mit Jesus als mit seinem Umgang Umgang zu pflegen.

2.1 Die meisten Christen ziehen den Umgang mit richtigen Christen dem Umgang mit den Verkehrten weit vor.

3 Wie man es anstellen soll, um in der Alten, in der Neuen und in der Dritten Welt immer den richtigen Umgang zu finden, ist offenbar schwierig zu sagen.

4 Die christlichen Kirchen haben manche Strukturen und Vorurteile entwickelt, die ihnen den Umgang mit dem Umgang Jesu erschweren.

5 Sage mir, mit wem du nicht umgehst, und ich werde dir sagen, was du nicht bist.

7.2.8 *Die Prediger sollten bei ihrer Predigt auch an die Leute im Zwischenraum denken.*

1 Die Langzeitwirkung der Predigt hat zwischen den richtigen und den sonstigen Christen einen Zwischenraum hergestellt, der sie trennt und verbindet.

1.1 Die Leute im Zwischenraum sind zum Problem für die Predigt geworden.

2 Wenn die Predigt nur die erwarteten Worte gebraucht, schließt sie den Zwischenraum zu und sich selbst von ihm aus.

2.1 Wenn die Predigt im Zwischenraum bleibt und die erwarteten Worte vermeidet, vermeiden die Liebhaber der erwarteten Worte die Predigt.

3 Wenn man in einem Zwischenraum nicht mehr frei hin und hergehen kann, ist er zu einem Todesstreifen geworden.

4 Wenn das Kirchendach nicht mehr den Zwischenraum überspannt, wird die Kirche zu einer Kapelle.

5 Ein Kirchendach muß viele Spannungen überspannen; was nicht darunter bleibt, überspannt sich meist selber.

5.1 Wenn das Kirchendach alle Spannungen zudecken will, die sich darunter verbergen, kann es Risse bekommen.

6 Einige möchten die Kirche zu ihrem Eigenheim machen; die anderen müssen dann unter dem freien Himmel verbleiben.

6.1 Wenn einer nur richtige Christen in der Kirche ansiedeln will, muß er angeben, welche man aussiedeln soll.

7 Einige halten nicht viel vom gemeinsamen Dach und neigen zum Auszug: am liebsten durchs Hauptportal und mit Orgelbegleitung.

7.1 Nicht jeder, der auszieht, kommt dadurch ins Freie.

8 Wenn man das gemeinsame Kirchendach irenisch betrachtet, kann man sich mit seinen Rissen ironisch abfinden.

8.1 Unter dem aufgerissenen Kirchendach rechnen die einen mit Regen; andere loben die bessere Luft und den freien Blick auf die Sterne.

Über Ortspfarrer, Sonderpfarrer und Reiseprediger und die Unterschiede zwischen denselben

Daß die Ortspfarrer immer im Raum stehen und die Sonderpfarrer stets mit der Zeit gehen wollen. Von der Unständigkeit und der Bodenständigkeit, und von der Zuständigkeit für fast alles, die einen Ortspfarrer erwartet, sowie von der großen Verlockung, die das Reisen für viele besitzt. Daß die Reiseprediger fröhlich von hinnen fahren und sich zum wandernden Gottesvolk zählen, und daß die Ortspfarrer bei den Hinterbleibenden bleiben.

7.3 *Als Ortspfarrer steht man immer im Raum, als Sonderpfarrer geht man mit der Zeit.*

7.3.1 *Auch der Ortspfarrer geht mit der Zeit, wenn er älter wird und eine neue Stelle bekommt.*

1 Der Raum wird am stärksten an alten Orten erlebt: es ist alles am Platz und die Zeit steht dort still.

2 Die Zeit wird am stärksten auf Reisen erfahren: man sieht, wie die Räume sich ballen und dehnen.

3 Die Raumordnung ist aus den Fugen geraten: das Zeitbewußtsein hat das Raumgefühl überflügelt.

3.1 Viele halten an ihrer alten Raumordnung fest: sie treten dem Zeitbewußtsein mit Nachdruck entgegen.

4 Während die Räume und Zeiten sich weiterbewegen, wünscht jedermann, daß die Kirche im Dorf bleibt.

4.1 Wer wünscht, daß die Kirche im Dorf bleibt, muß sehen, wo morgen das Dorf bleibt.

7.3.2 *Eine Ortsgemeinde betrachtet man in ihrem Raum, eine Sondergemeinde erlebt man nur in ihrer Zeit.*

1 Die Ortsgemeinden teilen sich in die Räume und die Bevölkerung unter sich auf: sie setzen sich aus ihren Wohngebieten zusammen.

1.1 Cuius regio, eius religio: für jeden Ort muß ein Ortspfarrer zuständig sein.

1.2 Die Ortsgemeinden sind zahlreich und haltbar und sehen sich überall ähnlich.

1.3 Wenn sich die Ortsgemeinden versammeln, sind sie niemals vollzählig versammelt.

2 Die Sondergemeinden übergreifen die Räume und ereignen sich ganz in der Zeit: sie setzen sich nur aus ihrer Versammlung zusammen.

2.1 Kein Problem ohne seinen Profeten und keine Profession ohne ihren Professor: für jedes raumübergreifende Interesse muß ein raumübergreifender Prediger zuständig sein.

2.2 Die Sondergemeinden sind weder zahlreich noch haltbar und sehen sich auch nicht sehr ähnlich.

2.3 Wo sich die Sondergemeinden versammeln, sind sie jeweils vollzählig versammelt.

3 In Werks-, Schul-, Hochschul-, Akademie- und Soldatengemeinden herrscht wie in Campings-, Krankenhaus- und Gefängnisgemeinden lebhafter Durchgangsverkehr.

3.1 Schausteller-, Binnenschiffer- und Seemannsgemeinden versammeln sich immer nur, wenn der Pastor an Bord geht oder den Zirkus betritt.

3.2 Gemeindetags-, Kirchentags- oder Freizeitgemeinden sind für kurze Zeit sichtbar versammelt, während die Leser, -Rundfunk- und Fernsehgemeinden fast unsichtbar bleiben.

4 Man ist auch schon zu Nachtgebeten und andern liturgischen Nächten gekommen, aber noch ohne Sonderpfarrer für diese geblieben.

4.1 Viele Sondergemeinden sind wieder vergangen, noch ehe ihr Sonderpfarrer fest angestellt war oder weil er's nicht wurde.

5 Die Ortspfarrer fühlen sich mit den Sonderpfarrern oft nicht besonders verbunden.

5.1 Einige Ortspfarrer führen den Rückgang der Ortsgemeinden auf den Vorgang der Sondergemeinden zurück.

5.2 Der Eifer verliert leicht den Überblick über die Gründe und kann dann die Ursache mit ihrer Wirkung verwechseln.

7.3.3 *Wenn sich die Ortspfarrer mit den Sonderpfarrern vergleichen, hat immer der eine das, was dem anderen fehlt.*

1 Ortspfarrer verbringen die Dienstzeit in ihrer Gemeinde; im Dienst sind sie häufig zu Hause und zu Hause fast immer im Dienst.

1.1 Sonderpfarrer verbringen die Dienstzeit auf Freizeit und bereiten sie in der Zwischenzeit vor; wenn sie zu Hause sind, sind sie's privat.

2 Für den Ortspfarrer ist der Stundenplan so geregelt wie dehnbar und voller, als jede Veranstaltung ist.

2.1 Der Terminplan der Sonderpfarrer ist überfüllt, ihre Tagungen sind es nicht immer: wo vieles geplant wird, fällt einiges aus.

3 Der Ortspfarrer gibt es sehr viele und nicht alle möchten es bleiben; der Sonderpfarrer sind wenige, aber viele möchten es werden.

4 Wenn sich die Orts- und die Sonderpfarrer vergleichen, fühlt man sich oft an den Streit zwischen Jakob und Esau erinnert.

4.1 Jakob bewies pastorale Gesinnung, ehrte Vater und Mutter und nährte sich von der Herde, die er kundig vermehrte.

4.2 Esau trieb sich auf der freien Wildbahn herum, fragte wenig nach Vater und Mutter und griff hungrig nach allem, was heiß auf den Tisch kam.

5 Wenn einer hat, was dem anderen fehlt, könnten sich beide ergänzen.

5.1 Geteilter Segen zählt doppelt: es wäre besser, sich in ihn zu teilen statt darüber zu streiten.

7.3.4 *Im Stande der Unständigkeit sind die Zuständigkeiten noch offen.*

1 Vom Dienstrecht her wird der Vikar als unselbständig betrachtet, nach seinem Dienstplan ist er für alles zuständig, was man ihm aufträgt.

1.1 Auch unselbständige Geistliche sind gerne bereit, ein selbständiges Urteil über fast alles zu fällen.

2 Vikare hatten einst keine bleibende Statt, sondern zogen wie Zugschwalben unstet von Stelle zu Stelle.

2.1 Die Vikare haben ihr Haus gefunden und die Schwalben ihr Nest, da sie Junge hecken: ihre Versetzung wird teuer und die Ortsfestigkeit ihr Gewinn.

3 Unständige Geistliche stehen zum Ständigwerden erst an und dann auch heran; sie bewerben sich, bis man sie wählt.

4 Bevor der Vikar ganz vergeht und der Pfarrer ersteht, gibt es den Zwischenzustand, ein Amt zu verwesen.

5 Nach dem Verwesen des Amtes tritt das Wesen des Amtes hervor: der Ort wird zur Residenz und die Bleibe zur Pflicht.

5.1 Wo der Geistliche ständig wird, wird er auch bodenständig und zuständig für fast alles.

6 Wo der Pfarrer gut sitzt, da setzt er sich fest, und wo er nicht so gut sitzt, bleibt er trotzdem oft sitzen.

7 Zum Wohl der Betroffenen hat man die Amtszeit befristet, zum Wohl der Betreffenden kann man sie wieder verlängern.

7.3.5 *Als Ortspfarrer wird man auf allen Seiten von seiner Gemeinde umgeben.*

1 Wo der Ortspfarrer wirkt, da erforscht man ihn, kennt man ihn und umgibt ihn von allen Seiten; seine Tage und Nächte liegen vor jedermanns Augen.

1.1 Er sitze oder stehe auf, so weiß man's im Dorf; er gehe oder liege oder fahre irgendwohin: man sieht seine Wege.

1.2 Es ist kein Wort auf der Zunge des Pfarrers, das man nicht alsbald im ganzen Dorf wisse; nur seine Gedanken versteht man dort oft nicht von ferne.

2 Wenn der Pfarrer zu Hause ist, ist er im Amt.

2.1 Das Wochenende wird zu seinem Alpdruck, der manchmal schon montags beginnt; sein freier Wochentag bleibt ein Traum, aus dem ihn das Telefon weckt.

2.2 Nimmt er die Flügel der Morgenröte, so ist auch der Milchmann schon wach; leuchtet ihm die Nacht wie der Tag, dann denkt man, er werde des Abends noch fleißig.

3 Wenn der Pfarrer auf Reisen geht, bleibt ihm die Gemeinde im Geiste zur Seite; bettet er sich an das äußerste Meer, so ist jeder erfreut, ihn im Urlaub zu treffen.

4 Auch das Pfarrhaus wird von der Gemeinde mit Anteilnahme beachtet: in Notzeiten hilfreich, in guten Zeiten meist kritisch.

4.1 Vor allem die Gattin des Pfarrers wird mit Interesse von seiner ganzen Gemeinde begleitet: was der Pfarrer vergessen hat, soll sie behalten, und wo eine Lücke entsteht, da tritt sie in diese.

5 Wer im Dauerbetrieb ist, bemerkt oft den Leerlauf nicht mehr, und wer immer im Amtsgeschirr läuft, zieht es hinter sich her, auch wenn nicht mehr viel dranhängt.

6 Wenn der Pfarrer lange am Ort ist, ist es nur schwer zu erkennen, ob er die Gemeinde oder diese ihn stärker geprägt hat.

6.1 Wer Vertrauen genießt, braucht sich nicht vor der allgemeinen Beachtung zu fürchten.

7 Das Geschick und das Ungeschick ihres Pfarrers geht an der Ortsgemeinde nicht spurlos vorüber; im Geschick der Gemeinde umgibt ihn ein Stück seines eigenen Lebens.

7.3.6 *Auch der Ortspfarrer predigt zuweilen auf Reisen, ohne daß er zum Reiseprediger wird.*

1 Die Kirchen werden als Teil der modernen Freizeitgesellschaft betrachtet.

2 Die Kirchen möchten als Ziel der modernen Freizeitgesellschaft nicht unbeweglich erscheinen und dieser zu ihren besseren Möglichkeiten verhelfen.

2.1 Wo die Gelegenheit günstig ist, will man die hohlen Gassen der Freizeit mit sicheren kirchlichen Schützen besetzen.

2.2 Man trifft immer am besten, wenn der andere nicht drauf gefaßt ist.

3 In der modernen Freizeitgesellschaft wird die Reiselust immer größer und die Welt immer kleiner.

3.1 Wo die Reiselust groß wird, ist das Bedürfnis nach Reisepredigern meistens mit Händen zu greifen.

3.2 Mancher nimmt gern die Gelegenheit wahr, der Kirche auf See und den Reisenden mit dem Worte zu dienen.

4 Einer Kreuzfahrt im Mittelmeer gibt erst der Reiseprediger apostolischen Tiefgang.

4.1 Geistliche Reiseauslegungen der Apostelgeschichte halten die Reiseauslagen des Geistlichen in erschwinglichen Grenzen.

4.2 Auch wenn nicht jeder, der an der organisierten Reiselust teilnimmt, die Absicht hat, in die Fußtapfen der Apostel zu treten, folgt man doch gern ihren Spuren.

5 Während der Reiseprediger die Gefühle der Reisegenossen vertieft, sorgen die Nachbarpfarrer zu Hause für seine Gemeinde.

5.1 Die Gemeinde, die ihren Pfarrer zu Hause entbehrt, wird später von ihm durch einen Bibelabend mit Dias entschädigt.

7.3.7 *Ein richtiger Reiseprediger predigt nicht wegen der Reise, sondern reist wegen der Predigt.*

1 Als Ortspfarrer waltet man dort seines Amtes, wo man gewählt wird, als Reiseprediger wählt man den Ort seiner Wahl selber aus.

2 Der Ortspfarrer wirkt wie von oben verordnet, der Reiseprediger meist wie von oben geschickt.

3 Im Ortspfarrer wird das Kirchliche Amt zur Gestalt, im Reiseprediger bleibt es Ereignis.

3.1 Der Ortspfarrer predigt nach Plan und über gewöhnliche Texte, auch wenn sie ihm nicht sehr geschickt sind.

3.2 Der Reiseprediger predigt ganz frei und nur über Texte, die ungewöhnlich geschickt für ihn sind.

4 Der Ortspfarrer ist fast immer zu haben, den Reiseprediger muß man aufnehmen, weil er sonst wieder geht.

4.1 Was der Ortspfarrer tut oder läßt, kann jedermann sehen, was der Reiseprediger tut, das hört man von ihm.

5 Der Besuch des Ortspfarrers gilt als erwünscht, wird aber selten erbeten; man erwartet, daß er selbst merkt, wo man ihn erwartet.

5.1 Der Besuch des Reisepredigers wird erwartet und auf Plakaten verkündet; schon ehe er ankommt, weiß man, wieviel auf ihn ankommt.

6 Die Ortspfarrer glänzen nur selten: sie sind immer am Ort und finden nicht überall offene Türen; wo man sich allzugut kennt, hat es der Glaube nicht leicht.

6.1 Der Reiseprediger glänzt fast immer durch Abwesenheit und findet offene Türen, wohin er auch kommt: im Zelt glaubt sich's offenbar leichter.

7 Der Ortspfarrer braucht seine Kirchenbesucher nicht lange zu zählen: er kennt sie schon längst.

7.1 Beim Reiseprediger strömen die Worte vom Mund und die Leute herbei; er zählt sich zum wandernden Gottesvolk und auch gerne nach, wie zahlreich dieses erscheint.

8 Der Reiseprediger ist wie der zunehmende Mond: er bleibt nur, bis alles ganz voll ist; der Ortspfarrer bleibt auch noch, wenn der Mond wieder abnimmt.

9 Wenn der Reiseprediger abreist, zerstreut sich das wandernde Gottesvolk wieder; die Nacharbeit bleibt dann beim Ortspfarrer hängen und meistens auch liegen.

Unschuldige Nachrichten über die Lust vieler Theologen, unter einander und über die Wahrheit zu streiten

Daß der Streit zwischen Theologen die Theologiegeschichte erfüllt und auch ordnet, obwohl sie sich gar nicht zu streiten, sondern zu unterscheiden bestrebt sind. Daß ihr Streit immer die Prolegomena und die Hintergründe der Gründe, die Schöpfung und eine schönere Zukunft der Menschheit betrifft und man mit der Theologie mehr anfangen sollte als Streit. Daß Streitgespräche Antithesen und viel Geduld und daß Theorien zahlreiche Hypothesen benötigen und auch Bewegungen einen noch nicht beweglicher machen. Daß man nur gebildet ist, wenn man noch zulernen kann und der heilige Augustinus sich als Schutzheiliger für die mittleren Feststellungen besonders gut eignet.

7.4 *Als Prediger muß man den amtlichen Standpunkt verbindlich vertreten; manche tun's streitbar.*

7.4.1 *Der Standort des Predigers ist ein amtlicher Standpunkt.*

1 Den Standort der Predigt hat die Kirche liturgisch und amtlich gesichert.

2 Die Liturgie ist das Protokoll für den Kirchenbesuch: sie schließt die richtigen Antworten ein und die groben Irrtümer aus.

2.1 Durch das Gesangbuch stellt man die Mündigkeit der Gemeinde, durch die Agende die Amtlichkeit des Gesprochenen sicher; Barockstil und Jugendstil stehen zur Wahl.

3 Ein System, das stabil bleiben will, braucht Rituale; die Agenden sind wichtiger als die Agenten.

3.1 Sicher ist sicher und die Kirche will dauern: Spontaneitäten sind gut, aber Kontinuitäten sind besser.

4 Das Spontane ist immer erwünscht, solang es nicht stört; das Lob der Beweglichkeit kann man am besten zur Melodie der Beharrlichkeit singen.

4.1 Den Diktatoren ist der spontane Kinderjubel willkommen, solange die Lehrer dabei sind, die ihn eingeübt haben.

7.4.2 *Man kann den eigenen Standpunkt am besten vertreten, indem man den Standpunkt der andern bestreitet.*

1 Theologen halten den eigenen meist für den amtlichen Standpunkt und deshalb auch fest daran fest.

1.1 Im Abendland hat man die Theologie lateinisch und streitbar betrieben und dies mit der rabies theologorum erklärt.

1.2 Die rabies theologorum kommt nicht vom Lateinischen her, sondern teils von den Theologen und teils von der Theologie.

1.3 Die Theologiegeschichte wird nach den Streitigkeiten geordnet, die sie in Unordnung brachten.

2 Die Theologen haben viel Scharfsinn sowie das Bedürfnis entwickelt, sich von anderen Theologen zu unterscheiden.

2.1 Die Unterscheidungen, über die Theologen sich streiten, brauchen manchmal mehr Scharfsinn, als ihrer Bedeutung entspricht.

2.2 Die Laien begreifen oft nicht, warum der Streit sein muß und ob er sich lohne.

2.3 "Tant de bruit pour une omelette" - ein Laie, erzählt man in Frankreich, habe den Streit um die Virgo Assumpta auf diesen vulgären Nenner gebracht.

3 Theologen streiten sich ungern: sie unterscheiden sich lieber in kritischer Liebe.

3.1 Wenn Theologen sich streiten, dann möchten sie ihren Streit in der kritischen Liebe am liebsten ganz aufgehoben sein lassen.

3.2 Die Laien fragen zuweilen, ob man es nicht einfacher haben und den Streit gleich ganz sein lassen könnte.

3.3 Während die höhere Weisheit den Theologen zu streiten erlaubt, als stritten sie nicht, scheint es den Laien, als stritten sie doch, und zuweilen mit harten Bandagen.

4 Oft entspringt der Streit unter Theologen nicht der kritischen Liebe, mit der sie sich unterscheiden, sondern der spitzigen Zunge, mit der sie das tun.

4.1 Der Apostel Paulus war, wie es scheint, aus vielerlei Gründen gegen die Zungenrede allergisch.

4.2 Die Kritik scheint in der Liebe besser aufgehoben zu sein als die Liebe in der Kritik.

5 Der Streit unter Theologen wird immer mit Ernst und mit Eifer, aber nur selten zu Ende geführt.

5.1 Wenn der Streit länger währt, bleibt man schließlich erschöpft auf der Strecke und tritt von ihm zurück oder mit letztem Ernst auseinander.

5.2 Ein Streit, der nicht ausgetragen wird, trägt nicht viel aus, und was man bloß mit dem Mantel der Liebe bedeckt, schwelt unter ihm weiter.

5.3 Einige streitbare Theologen streiten nicht bloß mit Ernst mit einander, sondern heißen auch so: man wartet gespannt darauf, wann der letzte Ernst die Arena betritt.

7.4.3 *Wer seinen Standpunkt streitbar vertritt, pflegt auch Schule zu machen.*

1 Man kann leichter Streitgenossen als Leidensgenossen bekommen.

1.1 Man muß einen Streit nicht begreifen, um in ihm Partei zu ergreifen; meist genügt es, wenn man die Parteigänger kennt.

1.2 Begrenzte Einsicht befördert die Kampfkraft.

2 Wenn kirchliche Gruppen sich streiten, hat keine viel zu gewinnen, aber die Kirche sehr viel zu verlieren.

3 Wenn der Streit sich nicht klären läßt, gibt man Erklärungen ab, spricht seine Bekenntnisse und seine Verwerfungen aus und tritt auseinander.

3.1 Wenn ein Bekenntnis abgelegt ist, dann bleibt es dabei; erst wenn es sein Jubiläum begeht, verwirft man zur Feier des Tages seine alten Verwerfungen wieder.

4 Zerstrittene Theologen werden oft erst durch ihren gemeinsamen Eingang in die Theologiegeschichte mit einander versöhnt.

4.1 Der theologische Nachruhm entschädigt Verlierer und Sieger für alle Verluste.

4.2 Mancher wäre nie in die Theologiegeschichte gekommen, wäre er nicht Parteigänger eines bedeutenden Streites geworden.

4.3 Auch wer sich nur mäßig geschlagen hat, bleibt in Nachschlagewerken der Nachwelt erhalten.

5 Der Streit um die Wahrheit kennt keinen Pardon; nur wer seine eigenen Schranken erkennt, bleibt versöhnlich.

5.1 Die Theologie kann nur in der Schule der Wahrheit gedeihen, doch braucht die Wahrheit in den Schulen der Theologie viel Geduld.

7.4.4 *Die Gegenstände des Streites sind oft nicht die wirklichen Gründe.*

1 Als der Glaube sich durchsetzen mußte, haben die Theologen um seine Wahrheit und seine Freiheit gestritten.

2 Nachdem der Glaube sich durchgesetzt hatte, hatten die Theologen um seine Geltung zu streiten.

3 Seit sich die Aufklärung durchgesetzt hat, haben die Theologen um diese zu streiten: die Toleranz ist nicht leicht zu erhalten.

4 Wenn Theologen sich in dogmatischen Fragen bestreiten, sind meistens die Prolegomena ihrer Dogmatik gemeint; gelegentlich sind auch die Prolegomena ihrer Lehrstühle daran beteiligt.

5 Statt über die Vor- oder Hintergrundsfragen wird oft lieber über Verfahrensfragen gestritten: man hat es meist leichter mit diesen.

5.1 Beim Streit unter Theologen werden die nichttheologischen Hintergründe selten ergründet und meistens aus Liebe zur Vorsicht umgangen.

5.2 Im theologischen Streit um die Wahrheit sollte man nicht nur den eigenen Scharfsinn bemühen, sondern auch das Gewissen für andere schärfen.

7.4.5 *Die Theologie ist am Streit um die Schöpfung beteiligt.*

1 Theologen vertreten die These der Schöpfung in einer entfremdeten Welt.

2 Wer die Welt vor dem Nichts stehen sieht, lernt die These der Schöpfung besser begreifen: als Antithese zum Nichts.

2.1 Im Nein zur entfremdeten Welt steckt das Ja zu einer befriedeten Schöpfung und die Hoffnung auf diese.

2.2 Wer dem Spiel der Weisheit mit ihren Geschöpfen vertraut, widerspricht dem bloßen Kampf um die Macht.

3 Ohne die These der Schöpfung wird die Welt mit den Umweltproblemen nicht fertig.

3.1 Wer sich in den Antithesen zum Nichts engagiert, kommt bei umweltfreundlichen Hypothesen heraus.

4 Wenn sich die Theologie am Streit um die Schöpfung beteiligt, sollte man mehr mit ihr anfangen können als Streit.

5 Wenn sich die Theologie am Streit um die Schöpfung beteiligen will, müssen die Theologen nicht bloß streiten, sondern auch predigen lernen.

7.4.6 *Die Theologie ist am Streit um die Hypothesen für eine bessere Zukunft beteiligt.*

1 Der Fortgang der Welt hat schon viele Fortschritte, aber noch wenig Klarheit über die Zukunft des Fortschritts gebracht.

2 Solange es Kinder gibt, gibt es Thesen und Antithesen und den Streit um die bessere Zukunft der Welt.

2.1 In jedem verlorenen Paradies ist man damit beschäftigt, den Leuten ein Paradies zu versprechen.

3 Wer seine Vergangenheit über Bord wirft, hat damit noch keine bessere Zukunft gefunden.

3.1 Die bessere Zukunft würde oft gerne die Brücken benützen, die man ihretwegen im Feuer der Jugend verbrannte.

3.2 Wenn die Alten die Zukunft zur Sache der Jugend erklären, vergessen sie häufig, wo ihre Ursachen liegen.

4 Die Nachkommen kommen fast immer mit fertigen Antithesen zur Welt: sie können voraussetzen, was sie bestreiten.

4.1 Aus den Antithesen zur Alten Welt ergibt sich die Neue Welt selten von selber: neue Thesen kommen nur langsam zustande.

4.2 Wenn sich aus Antithesen und Thesen keine Synthese ergibt, muß man versuchen, zu Kompromissen zu kommen.

5 Man sollte die Antithesen als die Prothesen der Thesen betrachten: erst der Widerspruch macht die Thesen beachtlich, denen er selbst seine Stärke verdankt.

6 Hypothesen sind Thesen, die unfertig bleiben; man kann seinen Nachkommen keine Fertigkeiten, sondern nur Unfertigkeiten vererben.

6.1 Hypothesen stellen die Weisheit des Zwischenraums für die Zwischenzeit dar; sie sind das Credo der Leute, die abwarten wollen.

6.2 Die Theorie läßt sich als Stammtisch von Hypothesen verstehen, die sich zusammensetzen und rechtgeben wollen.

7 Nur als Streit um die bessere Zukunft trägt der Streit in der Theologie etwas aus.

7.1 Wer mit streitenden Theologen nichts anfangen kann, hat die Theologie nicht begriffen.

7.4.7 *Die Predigt führt in den Streit um die Wahrheit oder zu nichts.*

1 Wenn die Predigt zu einem Streitgespräch führt, dann soll man's nicht hindern.

1.1 Beim Streitgespräch braucht man meist mehr Geduld als in der Predigt und verliert sie auch rascher.

2 Beim Streitgespräch werfen manche mit Meinungen um sich wie andre mit Steinen.

2.1 Nicht alles, was trifft, trifft auch zu.

3 Wo statements hergesagt werden, kommt kein Gespräch, sondern nur ein Sängerwettstreit zustande.

4 In kirchlichen Streitgesprächen streitet man nicht miteinander, sondern ringt umeinander: man wird nicht aufs Kreuz gelegt, sondern daruntergestellt.

4.1 Auch in den kirchlichen Streitgesprächen fehlt es nicht völlig an Schultersiegen der approbierten Gesinnung.

4.2 Beim Streit um Begriffe sucht mancher oft nur die geschickteren Griffe.

5 Wo die Wahrheit herauskommt, da gibt es nur einen Verlierer: die Lüge.

7.4.8 *Wer Streit anfängt, sollte auch gleich damit anfangen, ihn zu beenden.*

1 Die Kirche hat keinerlei Macht, sondern übt sie bloß aus: sie weiß sich zum Dienen berufen.

1.1 Wenn die Kirche Ordnungen für ihre Dienste aufstellt, bleibt es oft unklar, wo der Dienst endet und der Nachdruck beginnt, mit dem sie ihn ordnet.

2 Die Kirche bedient nicht jeden nach Wunsch: sie muß sich mit vielerlei Wünschen abstimmen.

2.1 Wenn man sich nicht abstimmen kann, muß man abstimmen lassen; jede Abstimmung kann zu Verstimmungen führen.

3 Wenn man abstimmen läßt, soll man sich vorher der Mehrheit versichern: der Beifall der Mehrheit ist dieser gewiß und willkommen.

3.1 Die Mehrheit feiert die Abstimmungssiege als geistliche Siege; in der Minderheit denkt man oft anders darüber.

3.2 Nach einer Abstimmung bleiben die Überstimmten verstimmt auf der Strecke und machen sie schwerer begehbar.

4 Abstimmungen werden zumeist durch die Stimmung entschieden.

4.1 Nichts kann eine Stimmung rascher verändern als ein Verdacht, den man früh genug äußert.

4.2 Der Verdacht gibt sich als Blick in das Nachbarhaus aus, doch spiegelt sich meistens das Konterfei Kains im Fenster.

4.3 Verdächte bilden die ewigen Jagdgründe aller Gazetten, sonst bilden sie nichts.

5 Solang man sich abstimmen will, hat man den Anfang der Weisheit in Händen; wenn man abstimmen läßt, läßt man ihn los.

5.1 Wenn man Streit anfängt, tut man gut daran, gleich auch das Ende des Streites mitzubedenken.

7.4.9 *Nicht alles, was sich bewegt, bewegt sich weiter.*

1 Der Anschluß an eine Bewegung macht selten beweglich.

1.1 Beweglich ist man nicht, wenn man Vorstöße macht, sondern erst, wenn man wieder zurückgehen kann.

2 Rückzüge bringen zwar selten voran, aber immerhin weiter.

2.1 Um beweglich zu bleiben, möchten manche das anonyme Christentum in den Akademien erlernen und durch neue Methoden mehr von sich selber erfahren.

2.2 Das Neueste bringt zwar häufig nichts Neues, aber immerhin manche Bewegung hervor.

3 Am heiligen Augustinus kann man erkennen, wie gut es ist, beweglich zu bleiben.

3.1 Durch seine Feststellungen, die er in großer Zahl hinterließ, ist der Kirchenvater zu einem solchen geworden.

3.2 Einige Feststellungen wollte der Kirchenvater nicht hinterlassen, sondern hinter sich lassen: er zog sie zurück.

3.2.1 Durch seine Retraktationen, die er hinter sich ließ, ist der Kirchenvater ein Vater der Kirche und ein Vorbild für streitende Theologen geblieben.

4 Es gibt Krankheiten, die die Gesundheit fördern: der Mangel an letzter Festgelegtheit scheint eine Mangelgesundheit zu sein.

4.1 Dem Vatikan hat es an letzter Festgelegtheit nur selten gemangelt, doch ist seine Gesundheit dadurch nicht stabiler geworden.

5 Durch seine Retraktationen ist der heilige Augustinus zum Schutzpatron aller mittleren Feststellungen geworden.

5.1 Wenn einer etwas besonnen anders offenbart, weil er sich offenbar anders besonnen hat, hat der Streit sich gelohnt.

Über Legomena und die Kunst, sie zu exegesieren

Daß die Legomena zahlreich sind und viele von ihnen nur wenig bedeuten. Daß sie erst durch den Computer zu ihrer wahren Bedeutung und auf die Höhe der Wissenschaft kommen und überall umständehalber Bedeutung erlangen. Daß man auf solche Legomena kommen muß, auf die es ankommt, und daß die Kunst, auf solche zu kommen, in der Exegese besteht. Dabei wird mehrerer Schwierigkeiten gedacht, die die Exegese mit den Legomena haben kann, aber meistens auch meistert.

8 *Die Legomena werden zwar immer gebraucht, aber selten erwähnt.*

8.1 *Von der Wissenschaft sind die Legomena lange vernachlässigt worden.*

8.1.1 *Die Legomena sind das Fußvolk der Rede.*

1 Die Predigt legt die Legomena ihres Textes sich selber zugrund und den Zuhörern aus.

1.1 Die Legomena eines Textes beachtet man immer, die Legomena einer Predigt werden wenig bedacht.

1.2 Erst durch die Antilegomena gegen die Predigt ist es dazu gekommen, daß man auch stärker auf ihre Legomena achtet.

2 Die Prolegomena sind schon früher zu Rang und Namen, einige auch zu philosophischem Weltruhm gekommen.

2.1 Die Hapax Legomena waren seit langem bekannt, aber nur für das Wörterbuch von Bedeutung.

2.2 Postlegomena stellt man seit eh und je der Kasualhomiletik anheim.

2.3 Die Legomena hat man wie alle gewöhnlichen Dinge meist ganz übersehen.

3 Die Legomena haben noch nicht einmal ihren ehrlichen Namen und ihre Versammlungsfreiheit durchsetzen können.

3.1 Die Legomena sind die Gastarbeiter der Kunst und der Wissenschaft und der Presse geblieben: sie verschwinden ganz hinter ihren Produkten.

4 Die Legomena dienen fast nur als Verbrauchsmaterial und bleiben dann als Verbalmüll zurück.

4.1 Auch beim Verbalmüll ist die Müllbeseitigung schwierig.

4.2 Die Legomena sind so unscheinbar wie das Fußvolk im Krieg: im Kriegsbericht werden die Spitzenreiter erwähnt, aber das Fußvolk besetzt das Gelände.

5 Die Legomena schlafen meist in den Hecken der Texte und warten darauf, daß der Prinz erscheint, der das Dornröschen weckt.

8.1.2 *In der Wissenschaft hat für die unbekannten Legomena nunmehr die Stunde geschlagen.*

1 Die Informatik hat schon vor Jahren entdeckt, wieviel die Legomena zählen, sobald man sie zählt.

2 Die Legomena bilden die Masse der Informationen; ihr Auszug käme auf eine Massenflucht und ihr Aufstand auf eine Massenerhebung hinaus.

2.1 Um die Legomena dauerhaft unterzubringen, hat die Computertechnik jetzt Datenbänke beschafft: sie dienen als Massenquartiere.

3 Die elektronische Datenverarbeitung kennt nur noch Legomena; auch alle Hapax-, Pro-, Anti- und Postlegomena werden als solche behandelt.

3.1 Nummerierte Legomena sind die Eingebungen eines Computers; wenn man sie durch Zahlen ersetzt, bekommen sie dort eine neue Potenz.

3.2 Im Computer geschieht eine Wandlung, wenngleich ohne Glöckchen: die Legomena werden zum Datenmaterial transsubstantiiert.

4 Der Computer führt eine neue Ära der Publikationen herauf:

4.1 Wer seine Legomena zu nummerieren versteht, steht auf der Höhe der Zeit; nicht was sie erzählen, ist wichtig, sondern daß und wie man sie zählt.

4.2 Das dezimalische Zählwerk klärt den Computer über den Fortschritt in den Gedanken und das Publikum darüber auf, daß diese fortschrittlich sind.

4.3 Das Vermögen, die eigenen und die entliehenen Sätze dezimalisch zu ordnen, gibt auch dem Unvermögenden einen vermöglichen Anschein.

5 Die Kanonade von Valmy verschaffte einst Goethe den Eindruck, bei einem Epochenwandel dabeigewessen zu sein.

5.1 Die Datenbank strukturiert das Gefühl, up to date zu sein, dezimalisch und erweitert es zum Gefühl epochalen Dabeiseins.

6 Dasein oder Dabeisein, das ist jetzt die Frage: die Theologie ist bei allem dabei, was sie sich im Genitiv zuordnen kann.

7 Wer dem Computer einen Staatsbesuch macht, darf nicht versäumen, am Grabmal des Unbekannten Legomenon einen Kranz niederzulegen.

8.1.3 *Wo immer man die Legomena zählt, zählt der Mensch nicht mehr viel.*

1 Einst wurden die Worte und Taten gewogen und wen man zu leicht befand, dessen Tage waren gezählt: das Menetekel erschien an den Wänden.

2 Wenn der Computer die Daten der Leute zusammenrechnet, ergibt sich das Menetekel aus seinem Programm.

2.1 Man kann jetzt im voraus nachrechnen lassen, was ein verstorbener Mensch morgen meinen würde, wenn er heute noch lebte.

3 Der ganze Mensch ist zählbar geworden: er kann sich vom animal sociale zum animal publicum weiterentwickeln.

4 In des Computers Hause sind viele Wohnungen: man kann alles, was zählbar ist, speichern und abrufen lassen.

4.1 Wen die Welt nich mehr ernähren kann, den kann sie immer noch zählen: Verhungernde wiegen nicht schwer.

5 Das Persönliche fällt nur privat ins Gewicht und sonst aus: man reserviert ihm die letzten Stellen hinter dem Komma.

5.1 Nur auf dem Grabstein beläßt man aus Pietät dem Individuum vorläufig seinen persönlichen Namen.

8.1.4 *Die meisten Legomena haben fast keine Bedeutung: auf das einzelne kommt es nicht an.*

1 Für sich genommen sind die meisten Legomena in einer Predigt belanglos: es fehlte nicht viel, wenn sie fehlten.

1.1 Man kann die Legomena in jeder Predigt vermehren, ohne daß sie sich ändert.

2 Wer eine Predigt hört, muß auf die Legomena achten, auf die es ihr ankommt; oft macht sie's nicht leicht, sie zu finden.

2.1 Wenn man in der Predigt gleich auf die Legomena kommt, auf die es ihr ankommt, glaubt man nur ungern, daß viel auf sie ankommt.

3 Schon mancher fand manche Hauptsätze in einer Predigt verdrießlich und dennoch an dieser Gefallen: er fand an den Nebensätzen Vergnügen genug.

3.1 Wenn sie nur aus den Sätzen bestünde, auf die es ihr ankommt, dann käme die Predigt nicht an: man braucht Nebensätze, damit die Hauptsätze daraus hervorragen können.

8.1.5 *Die meisten Legomena können nur durch ihre Umstände ihre Bedeutung bekommen; es kommt immer auf ihren Zusammenhang an.*

1 Alle Legomena hängen mit etwas zusammen und sagen auch etwas darüber.

2 Die Legomena hängen mit ihren Sprechern, mit den Möglichkeiten der Sprache und mit dem Inhalt zusammen, zu dem sie sich äußern.

2.1 Wenn Legomena unzusammenhängend erscheinen, besteht ihr Reiz in dem Dunkel, in dem ihr Zusammenhang bleibt.

3 Legomena, die man aus ihrem Zusammenhang reißt, bekommen in einem andren Zusammenhang eine andre Bedeutung.

3.1 Legomena, die ihren Zusammenhang selber herstellen, bilden dadurch einen Text.

4 Legomena, die nur wegen des Sprechers und wegen besonderer Umstände etwas besagen, kann man nur aus dem Kontext verstehen.

4.1 Man muß es lernen, die Texte im Kontext zu lesen: verstehen heißt den Zusammenhang sehen, in dem etwas steht.

5 Auch dem unbedeutenden Text kann ein bedeutender Kontext große Bedeutung verleihen.

6 Die Bibel ist ein bedeutender Text und in jedem Einzelfall auch ein bedeutender Kontext.

6.1 Wenn Legomena in der Bibel vorkommen, trägt dieser Umstand viel dazu bei, daß viel auf sie ankommt.

6.2 In der Bibel sind manche Legomena anzutreffen, um deretwillen sie schwerlich kanonisch wurde.

7 Auch wenn es viele Legomena gibt, herrscht Freude auf Erden über jedes Legomenon, das verloren ward und wieder gefunden wurde.

7.1 Wenn einer ein altes Legomenon wieder entdeckt, erlangt der Fund durch den Finder oder der Finder durch seinen Fund eine große Berühmtheit.

8.1.6 *Die Exegese besteht in der Kunst, alle Legomena im Zusammenhang zu verstehen.*

1 Wer die Legomena wissenschaftlich betrachtet, läßt keinen Buchstaben aus und bedenkt den Zusammenhang, in dem sie standen und stehen.

1.1 Wer die Legomena intuitiver betrachtet, liest auch zwischen den Zeilen und läßt dort dem Geist seinen Lauf.

2 Die Exegese besteht in der Kunst, die verborgenen Regungen aller Legomena aus dem Zusammenhang doch noch zum Reden zu bringen.

3 Um herauszubekommen, worauf's ihnen ankommt, muß man hinter die Umstände kommen, durch die es zu den Legomena kam.

3.1 Die Exegese ist eine umständliche Kunst: sie sucht die Legomena immer wieder in andere Umstände zu versetzen und nachher davon zu entbinden.

3.2 Die Exegese ist eine gefährliche Kunst: unter Umständen setzen sich die Legomena gegen die Absicht, sie zu entbinden, zur Wehr.

4 Die Exegese ist eine mäeutische Kunst: obwohl Sokrates wenig charmant und Xanthippe kinderlos war, übte er sich in der Kunst der geburtsbehilflichen Frage.

4.1 Sokrates war ein Freund der Legomena und fest überzeugt, sie trügen mehr in sich, als sie zur Schau tragen wollten.

5 Die Exegese ist eine gefährdete Kunst: man kann ganz unversehens hineinlegen, was man herausholen will.

5.1 Die Exegese exegesiert die Legomena und manchmal auch den, der sie exegesiert.

8.1.7 *Die Exegese erhebt die erheblichen Dinge und nimmt auch die unerheblichen mit.*

1 Die Exegese will das Urgestein der Legomena und seine Formationen herauspräparieren.

1.1 Die Exegese will feststellen, welche Legomena mündlich dazu geführt haben könnten, daß sie dann schriftlich so festgelegt wurden.

2 Die Exegese will wissen, was ein Autor gesagt hat und wie es gemeint war und wirkte.

2.1 Die Exegese will wissen, ob die Legomena eine frühere oder spätere oder gar keine eigene Meinung des Autors vertreten.

2.2 Die Exegese weiß selber am besten, wie weit sich oft spätere von den früheren Exegesen entfernen.

3 Die Exegese will auch den Überlieferungsvorgang des Textes und alle Beteiligten wiedererkennen.

3.1 Die Exegese will wissen, ob der Autor seine Legomena selber diktiert hat, ob sie ein Späterer aufschrieb und ob Redaktoren mitgewirkt haben.

4 Wenn die Legomena in ihrem Wortlaut geklärt sind, sucht man die Umstände neu zu bestimmen, durch die sie bestimmt sind.

4.1 Wenn man die Umstände nicht mehr bestimmen kann, klärt man die Umstände, welche es nicht gewesen sein können.

4.2 Wenn die Legomena ihr Geheimnis bewahren, stellt man die offenen Fragen zusammen und begnügt sich mit Konjekturen.

5 Mit der mittleren Feststellung dessen, was die Legomena sagen und auch gemeint haben können, sehen die Exegeten der Zukunft der Exegese in Ruhe entgegen.

5.1 Wenn die Legomena zahlreicher Texte durch die Legomena zahlreicher Exegeten vermehrt sind, ist auch die Zukunft der Exegese gesichert.

5.2 Über Legomena, die so vielerlei Exegesen hervorgebracht haben und noch immer hervorbringen können, kann man sich nur wundern.

5.3 Das Wunder der Bibel scheint größer zu sein als alle Wunder, die sie berichtet.

Vom Interpretieren der Texte und daß sich daraus eine Predigt ergibt

Daß man beim Interpretieren der Texte feststellen will, was sie uns angehen, und daß es viele Methoden gibt, um auf ihre wahre Bedeutung zu kommen. Daß das Geschick der Legomena oft vom Geschick ihrer Interpreten abhängt und auch Kommentare der Predigt nicht immer aufhelfen können. Daß die Predigt die allgemeine Bedeutung der biblischen Texte immer besonders zur Geltung zu bringen versucht und diese die Zukunft des Glaubens verbürgen, und daß man für den Glauben keine besseren Texte mehr braucht oder findet.

8.2 *In der Interpretation kommt die Exegese ans Ziel.*

8.2.1 *Die Interpretation überführt ihren Text in den Lebenszusammenhang seiner Hörer.*

1 Die Exegese stellt den Text fest und sagt, worauf es ihm ankommt; die Interpretation bringt den Text in Bewegung und erklärt, worin er uns angeht.

2 Die Exegese sagt nach, was der Text früher sagte; die Interpretation stellt sich vor, wie man sich ihn heute vorstellen soll.

2.1 In der Exegese sollen die Zeitgenossen mit dem älteren Text, in der Interpretation soll dieser mit jenen gleichzeitig werden.

3 Wer exegesieren will, geht auf Abstand; wer interpretieren will, läßt den Abstand verschwinden.

8.2.2 *Die Interpretation ist hermeneutisch beschäftigt und nimmt auf Wahrheit und auf Methode Bedacht.*

1 Die Hermeneutik ist der lange Marsch durch die Legomena.

1.1 Der Weg zur Wahrheit führt durch die Erfahrung; um ihn mit Methode zu gehen, braucht man Umsicht und Zeit.

2 Der Interpret geht dem Text mit Methoden zu Leibe, der Text geht dem Interpreten mit seiner Wahrheit zu Herzen.

3 Wer einen Text deutet, deutet auch an, was er ihm selber bedeutet; um zu verstehen, was er bedeutet, muß man wahrnehmen, wie er uns deutet.

4 Wenn man einen Text interpretiert, stoßen die Interessen des Textes mit denen der Interpreten zusammen.

4.1 Ein Text ist so wenig für jedes Interesse wie sein Interpret für jede Wahrheit zu haben.

5 Wer einen Text in die eigene Zeit übersetzt, stellt nie bloß heraus, wie er war, sondern immer auch einiges um.

5.1 Wer einen Text vorstellen will, stellt sich selber davor, und wer mit ihm spielt, der spielt ihm auch mit.

6 Beim Interpretieren trägt man sein eigenes Vorurteil an die Texte heran; man erkennt dann den Text und das eigene Vorurteil besser.

6.1 Beim Interpretieren kann man sich täuschen, doch wird eine Fata Morgana öfter für eine Oase als eine Oase für eine Fata Morgana gehalten.

7 Beim Interpretieren macht man gerne vom Mißverständnis Gebrauch: es regt dazu an, nach seinen Gründen zu suchen.

7.1 Das Mißverständnis regt an und das Unverständnis regt auf.

7.2 Dem Unverstand kann man nichts interpretieren: man verfügt über keine Sanktionen.

7.3 Den Unverstand kann man daran erkennen, daß er es gar nicht versteht, daß er gar nichts versteht.

8.2.3 *Der Interpret holt wie der gute Hausvater Altes und Neues aus seinem Vorrat hervor.*

1 Wenn man Texte existentiell interpretiert, fangen auch ältere Texte an, sich für die neuesten Fragen zu interessieren.

2 Wenn man Texte existential interpretiert, hebt man die Verhaltensstrukturen aus ihnen hervor und verhält sich in allen Details ganz verhalten.

2.1 Daß man seine Texte existentiell und existential interpretieren kann, hat schon zu manchen Verwechslungen auf und unter den Lehrstühlen Anlaß gegeben.

3 Wenn man seine Texte psychologisch interpretiert, kommt für manche zu wenig, für andre zu vieles und alles zuletzt auf dasselbe heraus.

3.1 Daß man sich psychologisch in die Texte vertieft, ist bei Laien beliebt und bei Experten verdächtig.

4 Wenn man die Texte von einer politischen Hermeneutik her interpretiert, macht man den langen Marsch durch die Legomena kürzer.

4.1 Statt auf Strecken ohne Ende auf der Strecke zu bleiben, antizipiert man das Ende der Strecken: die Zukunft, bei der man herauskommen will.

4.1.1 Die Sprünge der alten Gesellschaftssysteme helfen den neuen rasch auf die Sprünge.

4.1.2 Selbst für Gewaltlose scheint die Gewalt als Gegengewalt diskutabel zu werden.

5 Wenn einer die Texte historisch, aber nicht kritisch interpretieren will, sucht er nach Inseln im Strom der Geschichte.

5.1 Die Geschichte gewährt keinen Urlaub: wer ihr nicht kritisch verfallen will, bleibt unkritisch in ihr befangen.

8.2.4 *Wenn Interpreten in Schwierigkeiten geraten, nehmen sie Kommentare zu Hilfe.*

1 Legomena sind das Wildbret der Interpreten.

1.1 Wer kein Wildbret erlegt, der findet's im Rauchfang: er greift auf die Kommentare zurück.

2 Wer Kommentare besitzt, bleibt guten Mutes: er hat einen Vorrat auf mehrere Jahre.

2.1 Kommentare stellen den Text fest und die früheren Exegesen zusammen; sie interpretieren die wichtigsten Interpretationen aufs neue.

3 Wer die Predigt mit Auszügen aus Kommentaren bestreitet, füllt den Kopf und die Zeit aus, aber nur selten die Herzen.

3.1 Wenn einer Zuflucht bei der Gelehrsamkeit sucht, sagt er selten, was an der Zeit ist; entweder weiß er es nicht, oder er weiß es zu gut und will es nicht sagen.

3.2 Wer seine Stunde verpaßt, dem nützen die vollen Scheunen nur wenig, wie schon ein tüchtiger Landwirt bei Lukas erfuhr.

8.2.5 *Was der Text wollte und was der Prediger will, läßt sich nicht immer ganz leicht unterscheiden.*

1 Ein Text besteht wie ein Testament aus hinterlassenen Worten und Sätzen.

1.1 Wenn der Erblasser verstummt, setzen die Erben sich mit seinem letzten Willen und mit sich selbst auseinander.

2 Wenn es den Wünschen der Erben entspricht, wirkt jedes Testament überzeugend.

2.1 Wo die Erben um Streichungen oder Zusätze streiten, sind die erkenntnisleitenden Interessen nicht zu verkennen.

3 Wenn Interpreten gegen die herrschenden Zwänge vorgehen wollen, gehen sie diesen auch in den Texten nach und den Hörern damit auf die Nerven.

4 Wenn Interpreten sich für die poetische Sprache begeistern, gehen sie dieser in ihren Texten zu Leibe und ihren Zuhörern damit zu Herzen.

5 Wenn Interpreten sich nur für die reine Lehre verantwortlich wissen, gehen sie schulmeisterlich mit den Texten zu Werke und mit den Zuhörern um.

6 Wenn Interpreten die meditative Versenkung betreiben, versenken sie sich in der Tiefe der Texte und verweilen oft lange darin.

7 Wenn Interpreten linguistisch geschult sind, verlaufen sie sich mit den Hörern auf den Wortfeldern einzelner Wörter.

8 Wenn Interpreten den Text überdehnen, bis alles Gewünschte hineingeht, tun sie ihm und den Hörern Gewalt an; die Gewalt ist die schlechteste Hermeneutik.

8.1 Die Texte sind wehrlos, aber beharrlich: sie überdauern den Eigensinn sämtlicher Interpreten.

9 Große Texte sind für die Interpreten immer zu groß.

9.1 Wie einer die Texte des Lebens versteht, so versteht er das Leben der Texte.

9.2 Ein Text, der das Leben erhellt, wird selbst dadurch heller.

8.2.6 *Der Prediger muß die Besonderheiten der Texte und ihre allgemeine Bedeutung beachten.*

1 Wer predigt, bekommt mit besonderen Texten zu schaffen, die allgemein für den besonderen Sonntag bestimmt sind.

2 Die Predigt versichert, daß der besondere Text für den Sonntag sowohl eine allgemeine wie eine besondre Bedeutung besitze.

3 Die Predigt verallgemeinert zuerst die Besonderheiten des Textes, um dann das Allgemeine wieder zu etwas Besondrem zu machen.

4 Mancher Prediger gibt sich ganz mit der allgemeinen Bedeutung der Predigt zufrieden und geht auf keine besonderen Fälle mehr ein.

4.1 Einige Prediger lassen sich keine besonderen Fälle entgehen: sie bringen, was allgemein auffällt, in der Predigt besonders zur Sprache.

5 Prediger und Politiker machen dieselbe Erfahrung: was den einen besonders betrifft, interessiert die Allgemeinheit zu wenig; was nur die Allgemeinheit betrifft, geht keinem besonders zu Herzen.

8.2.7 *Das besondere an den Texten der Bibel ist das Bedürfnis, sie allgemein und besonders zur Geltung zu bringen.*

1 Wenn biblische Texte besonders zur Geltung gebracht werden wollen, ist dies teils im Kontext der Bibel, teils in ihnen selber begründet.

1.1 Das besondere Geltungsbedürfnis der biblischen Texte wird von der Theologie mit dem kerygmatischen Grundcharakter der Bibel erklärt.

2 Vom kirchlichen Geltungsbedürfnis allein kann die Predigt nicht leben.

3 Die wichtigsten Texte der Bibel reden von einer Gestalt, deren allgemeine Bedeutung in ihrer Besonderheit gründet.

3.1 Die biblische Hauptgestalt trug einen gewöhnlichen Namen und ein besonderes Kreuz.

4 Die biblische Hauptgestalt hat auf ungewöhnliche Weise ihre besondere Geltung erlangt und die Verbreitung der christlichen Predigt verursacht.

5 Wenn die Predigt nur die vergangenen Besonderheiten der Texte erörtert, macht sie die Kirche zur Traditionskompanie oder zur Schweizergarde des Glaubens.

5.1 Wenn die Predigt die allgemeine Bedeutung ihrer besonderen Texte ans Licht bringt, wird die Gegenwart von der Zukunft erhellt, für die sich die Texte verbürgen.

Über die Prolegomena und die Antilegomena und warum auch die Predigt beider bedarf

Daß die Prolegomena häufig ungeklärt bleiben und die Predigt ihrer bedarf, weil ihre Zuhörer außer Fragen auch Vorfragen haben und man sich oft für die alte Dogmatik neuere Prolegomena ausdenken muß. Daß man mit Antilegomena klären will, was den Legomena noch an Klärungen mangelt und man Antilegomena gegen die Predigt von gestern auch als Prolegomena für die Predigt von morgen ansehen kann. Man sieht immer wieder, was fehlende Prolegomena und vorhandene Antilegomena im oekumenischen Rahmen ausrichten können und welche Hoffnungen oder Befürchtungen, Weltreisen und Erklärungen sich mit diesen verbinden und hofft auch weiterhin, daß die Antilegomena gegen das Unheil in den Legomena über das Heil nicht verstummen.

8.3 *Die Prolegomena klären, was einer voraussetzen, die Antilegomena, was er durchsetzen will.*

8.3.1 *Die Voraussetzungen zu klären macht überall Mühe.*

1 Wo immer Legomena auftauchen, ging ihnen etwas voraus: auch eine Null beginnt nicht mehr bei Null.

2 Die eigenen Voraussetzungen werden nur selten geklärt, aber häufig verschwiegen.

3 Wenn man verschweigen will, was man vorausgesetzt hat, bekommt man es von den andern zu hören.

4 Wer seine Voraussetzungen erklärt, zeigt häufig, wie sehr er sich über sie täuscht.

5 Wer seine Prolegomena darlegen will, kommt oft nicht über diese hinaus; einige bleiben sogar in den Prolegomena ihrer Prolegomena stecken.

8.3.2 *Auf Prolegomena wird oft wenig geachtet, die Dogmatik fast überall höher geschätzt.*

1 Im Volk will man seine Dogmatik haben, auch wenn man den Inhalt kaum kennt.

1.1 Die Dogmatik beruht auf ihrer Funktion und ihr Inhalt beruht auf sich selber.

2 Die Dogmatik stellt jene Sicherheit dar, nach welcher sie selber verlangt, und das Bedürfnis nach dieser zufrieden.

3 Die Dogmatik ist nicht mehr entscheidend, sondern entschieden: nur wo alles entschieden ist, kommt es zu ihr.

4 Wo man die Prolegomena seiner Dogmatik erörtert, kann diese dadurch gesichert oder verunsichert werden.

4.1 Mancher läßt es bei seiner Dogmatik bewenden und erörtert die Prolegomena nicht; andre erörtern nur diese und kommen zu ihrer Dogmatik nicht mehr.

5 Wenn Prolegomena einer Dogmatik ermangeln und sie nicht entbehren, spricht man von Religionsphilosophie.

5.1 Wenn Prolegomena ihre Dogmatik vorwegnehmen wollen, spricht man von Fundamentaltheologie.

6 Dogmatische Prolegomena können auch in der Weigerung, solche zu haben, bestehen.

7 Wenn eine Dogmatik sich nicht auf die Vorfragen einläßt, sondern sich selber zum Fundament machen will, wird sie als fundamentalistisch bezeichnet.

7.1 Vorfragen, die man verdrängt, entwickeln sich selbständig weiter; wenn man ihnen die Türen verperrt, finden sie Hintertüren genug.

8 "Die Kirchliche Dogmatik" ist eine große Dogmatik geworden und dies für mehr als ein Menschenalter geblieben: sie schließt ihre Prolegomena ein.

8.1 "Die Kirchliche Dogmatik" führt den bestimmten Artikel im Titel, weil sie alle Glaubensartikel aufs bestimmteste artikuliert und einer längeren Darstellung würdigt.

8.2 "Die Kirchliche Dogmatik" kann mit der Chiffre KD etwas abgekürzt werden; eine "Kurze Darstellung" kürzte man früher ebenso ab.

8.3.3 *Eine dogmatische Predigt geht nicht auf Vorfragen ein.*

1 Die dogmatische Predigt stellt ihre Zuhörer in die Entscheidung: einige sollten sich erstmals, einige nochmals, die übrigen immer wieder entscheiden.

2 Entscheidung tut not, vor allem Dauer-Entscheidung!

2.1 Eine Dauerentscheidung ist nicht dasselbe wie eine Entscheidung auf Dauer.

3 Manche denken, daß der Predigt, die nicht zu Entscheidungen nötigt, das nötigste fehle, andere denken, daß eine Predigt predigen, aber nicht nötigen sollte.

4 Eine dogmatische Predigt behandelt mit Vorliebe Fragen, für die ihre Zuhörer keine besondere Vorliebe haben: sie transportiert viel plombiertes Gepäck.

5 Eine dogmatische Predigt ist bei den entschiedenen Hörern beliebt.

5.1 Wenn sich die Predigt nach ihren entschiedenen Zuhörern richtet, befördert sie nur die Arkandisziplin.

5.2 Unter sämtlichen Disziplinen ist die Arkandisziplin am wenigsten für die Predigt geeignet.

8.3.4 *Für manche Predigthörer spielen auch die verschwiegenen Vorfragen eine erhebliche Rolle.*

1 Viele Predigthörer hätten die Prediger manches zu fragen, doch haben sie wenig Gelegenheit oder scheuen sich, dies zu tun.

1.1 Man hört nicht nur an, was der Prediger sagt, sondern fragt sich oft auch, warum er's so sagte und wie man ihm nachkommen soll.

2 Die Prediger haben nicht nur mit entschiedenen, sondern vor allem mit ziemlich verschiedenen Hörern zu rechnen.

2.1 Die Hörer im Zwischenraum fragen nicht nach der Entschiedenheit der Entschiedenen, sondern nach deren Begründung.

2.1.1 Auch ein entschiedener Standpunkt steht nicht mehr fest, wenn der Untergrund wackelt.

3 Wenn die Predigt sich alle Begründungen spart, verfängt sie nicht mehr: die Vorfragen ihrer Hörer kommen zu kurz.

3.1 Jeder Prediger stößt beim Predigen auf Probleme, über die er in seiner Dogmatik noch nicht genug nachgedacht hat.

4 Neuere Fragen lassen erkennen, daß man für ältere Sätze oft neuere Prolegomena braucht: keine Dogmatik vermag ihren Kairos auf Dauer zu stellen.

4.1 Alte Bekenntnisse stehen nicht dadurch in Kraft, daß man sie aufsagt: man muß neue Prolegomena für sie entwerfen.

5 Von älteren Predigern sind kaum noch neuere Prolegomena zu erhoffen; selbst Revolutionäre repetieren die alten Programme, wenn sie ins Pensionsalter kommen.

6 Man soll die Lebenskraft seiner guten, alten Dogmatik nicht unterschätzen: sobald man die eigene Zeit in Gedanken erfaßt, wird auch die alte Dogmatik noch einmal munter.

7 Mancher muß sich noch im Ruhestand neuere Prolegomena für seine alte Dogmatik ausdenken: seine Enkel haben ihm Fragen gestellt.

8.3.5 *Wo die Vorfragen ungeklärt bleiben, kann man sich der Rückfragen selten erwehren.*

1 Wer seine Prolegomena nicht zur rechten Zeit klärt, muß sie später als Apologetik entwerfen.

1.1 Die Apologetik versucht, alle früheren Vorwürfe gegen ihre Dogmatik durch einen späteren Vorentwurf zu parieren.

1.2 Die Apologetik versäumt den Anschluß, wenn ihre Verspätung zu groß wird.

2 Das Gewerbe der Apologetik ist ehrbar, wenn auch verlustreich: die Vorhut ist jetzt zur Nachhut geworden und hat den Rückzug zu decken.

3 Theologen geben sich ungern apologetisch: man möchte nicht auf dem Rückzug erscheinen und sich auch nicht der Methoden des Gegners bedienen.

3.1 Wer die Methoden des Gegners beherrscht, verdient keinen Tadel; man sollte die philosophische Ignoranz nicht zur theologischen Tugend erklären.

4 Die Predigt macht oft einen angegriffenen Eindruck: solange die Prolegomena fehlen, kommen die Antilegomena zügig voran.

5 Wenn man die Antihomiletik besser versteht, als sie sich selber versteht, kann man sie als fundamentalhomiletische Propädeutik für eine Predigt von morgen begreifen.

8.3.6 *Antilegomena sind Legomena, die sich von ihrem Widerspruch größere Klarheit erhoffen.*

1 Die Antilegomena bringen Widerspruch vor und möchten für diesen Zustimmung finden.

1.1 Die meisten Antilegomena bleiben latent: sie verschweigen den Widerspruch, den sie vorbringen wollten.

2 Viele Antilegomena pflegen voll guter Hoffnung zu sein: sie hoffen, daß alles Getrennte sich wiederfindet.

3 Die Hoffnung, das Kap der Guten Hoffnung zu sehen, hat einst zu zahlreichen Weltreisen Anlaß gegeben, doch ist jetzt die Hoffnung dort dürftig geworden.

3.1 Die Theologie der Hoffnung hat gleichfalls zu zahlreichen Weltreisen Anlaß gegeben, kann aber am Kap der Guten Hoffnung kein Einreisevisum erhoffen.

4 Der Rassenkampf ist zum Klassenkampf eines Jahrhunderts geworden, das sich manches darauf zugute tat, ihn beendet zu haben.

4.1 In den Antilegomena gegen die Trennung der Rassen haben sich liberale und dialektische Theologen wiedergefunden.

4.2 In der Enthaltung von solchen Antilegomena haben sich Theologen der Ordnung und der Erweckung ebenfalls wiedergefunden.

5 Daß oekumenische Antilegomena sich oekonomischer Mittel bedienten, hat ihren Eindruck bei den Empfängern vermehrt und bei zahlreichen Spendern vermindert.

5.1 Die oekonomischen Mittel des Oekumenischen Rats haben zwar fromme Gemüter, aber bei Nationaloekonomen nur Mitleid erregt.

5.2 Wenn sie verbal bleiben, fallen die Antilegomena in die Kompetenzen der Kirchen; wenn sie in Geld umgesetzt in umstrittene Hände geraten, fallen sie auf.

8.3.7 *Antilegomena pflegen Antilegomena nach sich zu ziehen.*

1 Wer gegen Gewalt mit Gewalt protestiert, verfällt der Gewalt; wer ihr ohne Gewalt widerspricht, gilt manchen als Bundesgenosse der Gegengewalt.

1.1 Nur wer gewaltlos von der Gewalt profitiert, scheint über jeden Verdacht erhaben zu bleiben.

2 Wer heimliche Freiheitsbewegungen fördert, fördert unheimliche Abhängigkeiten zutage.

3 Solange den Antilegomena nur Antilegomena und keine Klärungen folgen, muß man mit dem Widerspruch leben.

4 Wo es an Klärungen mangelt, gibt man Erklärungen ab.

5 Die Glaubensgemeinschaft im Querschnitt politischer Räume ist schwierig; im Längsschnitt der Kirchengeschichte sind Glaubensgenossen leichter zu finden.

5.1 Den älteren Konfessionen liegt das eigene Hemd immer näher als der oekumenische Rock; auch die Jungen Kirchen sind nicht mehr die Jüngsten.

8.3.8 *Nicht jede Erklärung führt die erwünschte Klärung herbei.*

1 Die Erklärung von Barmen hat der alten Bekenntnisbewegung manchen Anstoß gegeben.

1.1 Nach der Erklärung von Barmen waren viele von dieser Erklärung, von der Vorsehung Gottes und von der Verwirrung der Leute beeindruckt.

2 Die neue Bekenntnisbewegung hat manchen Anstoß zu einer Erklärung von Frankfurt und durch sie gegeben.

2.1 Auch nach der Erklärung von Frankfurt waren manche von dieser Erklärung, von ihren Widersprüchen und von den älteren Irrtümern in einem neuen Gewande beeindruckt.

3 In neuen Bekenntnisbewegungen sieht man die neueren Gegner am liebsten dort stehen, wo schon die älteren ihre Gegner treffsicher trafen.

4 Erklärungen können nicht alles erklären: wenn ihnen andre Erklärungen folgen, muß man nachher erklären, man habe vorher dasselbe erklärt.

4.1 Bei Erklärungen ist es oft weniger wichtig, was sie erklären, als gegen wen sie sich wenden.

5 Von der Sorge bewegt, man habe sich auf den Weltkonferenzen nur horizontal zusammengesetzt, richten andre die Vertikale und sich selbst daran auf.

6 Solange sich die Legomena und die Antilegomena nur auseinanderbewegen, muß man die Prolegomena klären.

6.1 Man sollte die weißen Prolegomena neu überdenken, seit farbige Antilegomena ein Moratorium und den Ausschluß der angeschlossenen Sender erwägen.

6.2 Das Moratorium hat seine Schuldigkeit getan; die Weißen können noch bleiben!

8.3.9 *Man soll in den Antilegomena nicht bloß den Widerspruch, sondern die Prolegomena für die neuen Legomena hören.*

1 Wenn die einen sich wegen der andern immer horizontaler und die anderen wegen der einen immer vertikaler entwickeln, werden beide in immer größere Widersprüche verwickelt.

2 Auch früher schon haben zahlreiche Christen den Eindruck bekommen, zu viele Leute befänden sich trotz ihres himmlischen Heils in der Welt nicht sehr wohl.

2.1 Auch früher schon haben einige Zaren die Christen ganz auf den Himmel verwiesen und nur diesen zu ihrer Domäne erklärt.

3 Ihr Glaube läßt viele Christen einem Himmel vertrauen, der ihnen helfen kann, und einer Welt eingedenk bleiben, die Besserung nötig hat und verbesserlich ist.

4 Legomena, die dem Heil der Welt gelten sollen, sind auch Antilegomena gegen das Unheil der Welt.

4.1 Man kann nur beim Heil bleiben, wenn man mit ihm unterwegs bleibt durchs Unheil der Zeit.

5 Wer der Welt helfen will, muß die Tiefe des Unheils und seine weltweiten Folgen ermessen, sonst greift er zu kurz.

6 Wo man das Heil austeilt, da tut es den Leuten auch wohl, und wo man ums Wohl nicht mehr streitet, da ist auch das Heil nicht mehr heil.

7 Wenn man das Heil ganz vom Wohl und das Wohl ganz vom Heil lösen will, nimmt man das Kreuz auseinander.

7.1 Wo man das Kreuz auseinandernimmt, behält jeder den eigenen Balken im Auge und sieht nur den anderen Balken im Auge des Bruders.

Postlegomena

Daß Postlegomena aus Nachworten und Nachreden bestehen, die uns zuweilen zuvorkommen können, und das Image sowohl in der Kirche wie in der Wissenschaft große Bedeutung besitzt. Daß man mehr von den Postlegomena hat, wenn man sie nicht erst zu hören bekommt, wenn sie ihre letzte Fassung bekommen, und manche ihnen durch Memoiren zuvorkommen wollen. Daß auch letzte Worte und Schlußworte keine abschließenden Worte sein können und es bei mittleren Feststellungen und teilnahmsvollen Notizen über die Freuden und Leiden der Predigt und bei ihr verbleibt, solange uns Zeit für sie bleibt.

9 *Postlegomena sind Legomena, die man meistens nicht selber und immer erst hinterher hört.*

9.1 *Die Postlegomena kommen fast immer zu spät; einige sind auch schon früher zu haben.*

9.1.1 *Postlegomena sind als Nachworte, Nachrufe und vor allem als Nachreden üblich geworden.*

1 Viele Bücher erscheinen mit einem Vorwort: die Leser sollen erfahren, daß die Lektüre sich lohnt.

1.1 Einige Bücher bekommen ein Nachwort: die Leser sollen erfahren, daß sich die Lektüre gelohnt hat.

2 Wenn Menschen zur Welt kommen, wird auf ein Vorwort verzichtet: mancher kam unerwünscht, keiner ganz unerwartet zur Welt.

3 Wenn Menschen die Welt verlassen, wird den meisten ein Nachruf gewidmet: die Mitwelt will hören, daß sich ihr Leben gelohnt hat.

3.1 Nachrufe lassen alles im Lichte der Nachwelt erscheinen und viele erst in ihrer wahren Bedeutung erkennen.

3.2 Der Nachruf bedeutet für den, der ihn hält, meistens mehr als für den, dem er gilt.

9.1.2 *Postlegomena haben als Nachreden ihre größte Verbreitung gefunden.*

1 Nachreden sind vor allem als üble üblich geworden: sie überholen die Vorreden schnell.

2 Nachreden sind fruchtbar und haltbar zugleich: sie beflügeln die Fantasie und die Zunge.

2.1 Nachreden werden in Eile vertraulich verbreitet; sie treffen, auch wenn sie nicht zutreffend sind.

2.2 Je heimlicher sie sich verhalten, desto unheimlicher können die Nachreden wirken.

3 Nachreden sind leicht zu begreifen, aber schwierig zu fassen: jedermann hat mit Gerüchten, keiner hat gern mit Gerichten zu tun.

3.1 Gerüchte verbreiten sich eilig: die Wände haben mehr Ohren als sämtliche Zuhörer mitgebracht haben.

4 Behördliche Postlegomena werden vom Personalreferat zu den Akten genommen und kommen jedem Bewerber auf seiner nächsten Stelle zuvor.

4.1 Die Postlegomena bleiben bei allen Behörden geheim; sie können nur öffentlich werden, wenn sich die Gesuchten verstecken, und werden dann Steckbrief genannt.

5 Nachreden werden lieber geglaubt als die Predigt; gegen beides kann man sich nicht wehren.

9.1.3 *Auch Nachreden können zuvorkommend sein, vor allem wenn sie sich im Image verkörpern.*

1 Das Image ist jene halböffentliche Erscheinung, in welcher öffentliche Personen sich selber zuvorkommen können.

1.1 Die publicity kennt keine Nachsicht: wer seinem Image nicht nachkommt, kommt bald nicht mehr öffentlich vor.

2 Das Image ist eine zweifelhafte Erscheinung: es wird in der Halbwelt und häufig aus Indiskretionen gebildet.

3 Das Image kann aufgebaut, aber nur schwer wieder abgebaut werden: es bleibt seinem Inhaber über das Grab hinaus treu.

3.1 Das Image erweckt den historischen Spürsinn: es ruft neue Nachforschungen nach älteren Widersprüchen hervor.

4 Das Image ist eine widerspruchsvolle Erscheinung und pflegt sich stets selber zu pflegen.

4.1 Das Image sagt, wie man es ansieht, daß einer aussieht, auch wenn er gar nicht so ist, wie er aussieht oder wie man es ansieht.

5 Das Image ist eine wirkungsvolle Erscheinung: daß es nützt oder schadet, ist wichtiger, als daß es auch zutrifft.

5.1 Das Image vermittelt das Ansehen, das man genießt, mit dem Ansehen, das man sich wünscht.

9.1.4 *Das Image besitzt in der Wirtschaft und in der Kirche große Bedeutung.*

1 Das Image des Lehrers füllt im Hörsaal die Bänke und kann für den Absatz der Aufsätze sorgen.

1.1 Wenn einer ein starkes Image besitzt, sieht man ihm viel nach; wenn die Postlegomena mäßig sind, helfen die Prolegomena wenig.

2 Wenn mehrere Prediger auf der Kanzel erscheinen, kommt jedem sein Image zuvor: die Gemeinde pflegt es mit Sorgfalt.

2.1 Wenn mehrere Prediger ein verschiedenes Image besitzen, liegt das Problem nicht im Image, sondern in ihrer gleichzeitigen Amtstätigkeit.

3 Wo ein Gruppen-Image in Kraft steht, kann man auf Kirchenparteien verzichten: die Feindbilder werden fortlaufend reproduziert.

3.1 Mit öffentlichen Fraktionen kommt man überall leichter zurecht als mit heimlichen Aktionen.

4 Auch Studienhäuser und Stifte stiften ein Image, das theologischen Differenzen auch dort noch Bedeutung verleiht, wo man sie gar nicht versteht.

4.1 Wo das Gruppen-Image gepflegt wird, können sich fromme Häuser in Treibhäuser der Kolportage verwandeln.

5 Für die, die die Predigt nicht hören, ist das Gruppen-Image belanglos: jeder Prediger trägt in den Augen des Volkes das gemeinsame Image des Pfarrers.

5.1 Von der Kirchenbehörde werden auch Pfarrer mit einem schlechteren Image nicht schlechter als ihre Kollegen bezahlt: nur mit der Beförderung hat es dann Weile.

9.1.5 *Prolegomena auf die Postlegomena sind auch schon früher zu haben und vielen erwünscht.*

1 Zitate, Besprechungen, Gutachten, Schülerarbeiten lassen frühzeitig erkennen, daß man die Bedeutung des Autors erkennt.

2 Festschriften sind für die Jubilare, seltener für die Verleger ein Anlaß zu Festen.

3 Die Laudatio pflegt mit Geschick die rhetorische Übertreibung und sonnt sich im Glanz des Geehrten.

3.1 Lobreden sparen die Hauptsachen aus, verweilen bei Nebensachen und verstecken die leise Kritik in den lauteren Komplimenten.

4 Wer vergeblich auf Postlegomena wartet, läßt seine Aufsätze nochmals gesammelt erscheinen.

4.1 Durch Gesammelte Aufsätze nimmt man in frühere Einsichten eines Verfassers noch einmal Einsicht; sie ersetzen die Bücher, die zu verfassen ihm nicht mehr gelang.

4.2 Von einem Tübinger Weingärtner wird erzählt, er habe sich in seinem Weinberg selber ein Denkmal errichtet: er sah keinen anderen Weg, zu einem solchen zu kommen.

5 Wer Gesammelte Aufsätze andrer herausgibt, handelt doppelt verdienstlich: besaß er noch keinen Namen, dann verdient er ihn jetzt, besaß er schon einen, dann verdient er jetzt besser.

5.1 Als Herausgeber kann auch der verhinderte Autor sich selbst überleben: bibliographisch.

6 Pamphlete sind Postlegomena, die zur Warnung vor einem bestimmten Autor bestimmt sind; sie machen nur Spaß, wenn dieser noch lebt und es viele gibt, die ihn nicht mögen.

9.1.6 *Ihre letzte Fassung erhalten die Postlegomena kasualhomiletisch.*

1 Wenn Postlegomena ihre letzte Fassung erhalten, geht diese den Nächstbetroffenen häufig verloren.

2 Die trostreichen Worte des amtierenden Geistlichen sind oft die letzte Bastion im Delta der säkularen Friedhofsverlegenheiten.

2.1 Selbst in den Agenden der säkularen Friedhofsagenten scheinen die geistlichen Vorlagen überall durch.

3 Nach den Worten des Geistlichen treffen häufig auch andere Anstalten Anstalten, einen Nachruf zu halten.

3.1 Der allgemeine Nachrufbedarf ist beträchtlich: er hat eine eigene Tradition der pseudoposthomiletischen Kryptolegomena auf die Gebeine gebracht.

3.2 Der Wert eines Nachrufs wird nach den Tränen bemessen, die er hervorruft; mancher ist wirklich zum Weinen.

4 Der Nachruf lebt davon, daß man ihn hält, und nicht von dem, was er verspricht: auch wenn man es aufrichtig meint, verspricht man fast immer zuviel.

4.1 Daß man der Verblichenen immer gedenke, ist selten langfristig gemeint; schon der nächste Pharao wußte von Josef nichts mehr.

5 Die Antihomiletik macht vor dem Friedhofstor Halt: mit Protesten ist dort kein Blumentopf zu gewinnen.

6 Die Kasualhomiletik beteiligt sich an der Trauer und an der Mühe der Hoffnung um Hoffnung am hoffnungslos endlichen Ort.

7 Der Bedarf an trostreichen Worten ist groß; mitmenschliche Trauer und übermenschliche Hoffnung bleiben gefragt.

9.1.7 *Wer dem Pfarrer nicht traut, schreibt selbst Memoiren.*

1 Mit Memoiren nimmt man die Postlegomena kritisch vorweg, ohne sie ganz unterbinden zu können.

2 Die Memoiren sind freiwillige Antithesen zu den unfreiwilligen Thesen des Lebens: man berichtigt sein Image, so gut man's vermag.

3 Mit unseren Memoiren kann unser Leben noch einmal beginnen: man spielt gerne noch einmal die jüngere Generation.

4 Bei der späteren Nachsicht der früheren Ansicht stellt sich fast immer die bessere Einsicht heraus.

4.1 Vielen fällt es erst später ein, was sie früher gemeint haben könnten; man stellt es auch später viel ausgewogener dar.

5 Wenn einer die Memoiren nicht selber verfaßt, muß er sich mit Fassung in unerwünschtere Fassungen schicken.

5.1 Seinen Lebenslauf kann man verbessern, aber nicht seine Biografie: was sie geschrieben haben, das haben sie geschrieben.

9.1.8 *Auch Postlegomena sind nicht das letzte Wort über den, den sie meinen.*

1 Wer ein Wort als sein letztes bezeichnet, läßt meistens noch viel von sich hören.

2 In den Postlegomena kommen nur selten die letzten Worte, aber häufig die letzten Phrasen zu Wort.

3 Die Zeit geht weiter, solange sie währt, und der Mensch bleibt, wo immer er bleibt, das nicht festzustellende Wesen.

3.1 Auch Postlegomena stellen den Menschen nicht fest, sondern nur, daß sein Ende ihn allem entzog.

9.1.9 *Ein gutes Schlußwort läßt alles offen.*

1 Mittlere Feststellungen sind nie ganz zu Ende: sie hören auf, wenn es Zeit dazu ist.

2 Mittlere Feststellungen stellen weder das Ende der Predigt noch das Ende der Schwierigkeiten der Predigt in Aussicht.

3 Mittlere Feststellungen nehmen Notiz von den Schwierigkeiten der Predigt und teilnahmsvoll an den Freuden und Leiden der Prediger teil.

3.1 Auch die Predigt nimmt von den Freuden und Leiden des Lebens Notiz und teilnahmsvoll an ihnen teil.

4 Wer die Schwierigkeiten der Predigt nur feststellen, aber nicht abstellen kann, versucht es mit einer Akupunktur: er steckt seine Nadeln in die empfindlichen Stellen.

5 Die Akupunktur will den Predigern ihre Schmerzen nicht nehmen, wohl aber die Lust, über diese zu klagen: sie rechnet sie zu den lohnenden Plagen ihres Berufs.

6 Die homiletische Akupunktur will den unverbesserlichen Optimismus der Predigt verbesserlich machen.

7 Schlußworte sollen aufschlußreich, aber nicht abschliessend sein.

7.1 Wenn das Schlußwort gesprochen ist, gibt man es weiter; wenn die Predigt geendet hat, steht die nächste bevor.